Danksagung

Für die Transkription und Bearbeitung einiger in diesem Buch verwendeten Texte möchte ich Steven Neal Weinberger und der verstorbenen Leah Judith Zahler meinen herzlichen Dank aussprechen.

JEFFREY HOPKINS

MITGEFÜHL UND LIEBE

Meditationstechniken und buddhistische Sichtweisen

Mit einem Vorwort von
Seiner Heiligkeit dem Dalai Lama

Aus dem Amerikanischen
von Ilse Fath-Engelhardt

ARKANA
GOLDMANN

Die amerikanische Originalausgabe erschien 2001 unter dem Titel
»Cultivating Compassion« bei Broadway Books, New York

Umwelthinweis:
Alle bedruckten Materialien dieses Taschenbuches
sind chlorfrei und umweltschonend.
Das Papier enthält Recycling-Anteile.

Deutsche Erstausgabe August 2002

Published by arrangement with Doubleday,
a division of The Doubleday Broadway Publishing Group,
a division of Random House, Inc.
Umschlagfoto (Buddhastatue): Davies and Starr/Stone Images
Satz/DTP: Martin Strohkendl, München
Druck: Elsnerdruck, Berlin
Verlagsnummer: 21613
Redaktion: Gerhard Juckoff
WL · Herstellung: WM
Made in Germany
ISBN 3-442-21613-3

1. Auflage

Inhalt

Vorwort

von Seiner Heiligkeit dem Dalai Lama

Mitgefühl ist ein Hauptthema aller buddhistischen Traditionen. Der Buddha lehrte es ausdrücklich, und viele nachfolgende Kommentatoren in Indien und allen Ländern, in denen der Buddhismus sich verbreitet hat, priesen es. Der große indische Gelehrte und religiöse Praktiker Chandrakirti sprach die berühmten Worte aus: »Allein das Mitgefühl ist dem Samen vergleichbar, und der Feuchtigkeit, die ihn nährt, und der reifen genießbaren Frucht. Deshalb achte ich das Mitgefühl über alles.«

Die buddhistische Literatur ist reich an Werken, die die Tugenden des Mitgefühls und die Mittel und Wege rühmen, durch die es in uns erweckt und vermehrt werden kann. Allerdings zeigen auch viele Geschichten, dass das Mitgefühl nur durch den Funken der Erfahrung zum Leben erweckt wird, egal wie viel man darüber gelesen und nachgedacht hat. Das mag daran liegen, dass man zwar für sich alleine lesen und nachdenken kann, dass aber das Leben in Gemeinschaft mit anderen stattfindet.

Mit Jeffrey Hopkins, der mir als Dolmetscher große Dienste erwiesen hat, bin ich seit vielen Jahren befreundet. Durch seine Universitätsvorlesungen und vielen Publikationen hat er als Gelehrter einen wesentlichen Beitrag zum vertieften Verständnis des tibetischen Buddhismus geleistet. Durch seine

Arbeit hat er einige der größten zeitgenössischen tibetischen Lehrer kennen gelernt. Aber am wichtigsten von allem ist, dass er sich im Lauf der Jahre beständig bemüht hat, das, was er lehrte, auch in die Praxis umzusetzen. Dieses Buch über Mitgefühl und Liebe enthält die Summe dessen, was Jeffrey in den letzten über dreißig Jahren persönlich in Seminaren und Kursen gelernt hat. Ich glaube, die Leser werden besonders zu schätzen wissen, dass er aus langer Erfahrung spricht. Die erkenntnisreichen Einblicke dürften jedermann ermutigen, es selbst mit der Praxis zu versuchen.

Ich glaube, dass Mitgefühl – Güte und Warmherzigkeit gegenüber anderen – der Urquell allen Glücks ist. So bin ich fest überzeugt, dass jeder, der sich darin übt, zu einer glücklicheren, friedlicheren Welt beiträgt.

Einleitung

Ich bin in Barrington, Rhode Island, aufgewachsen, und meine aufregendste Erinnerung ist, dass ich in voller Fahrt von meinem Fahrrad in einen Graben gesprungen bin, um meinem gestürzten Freund zu helfen. Weshalb tat ich das? Wodurch reagierte ich so schnell?

Als Halbwüchsiger rebellierte ich gegen die Hohlheit und Verlogenheit der »Alten« und wurde zu einem Rabauken, der sich aus »kleinen« Verstößen einen Spaß machte, etwa alten Damen damit einen Schreck einzujagen, dass man sich aus dem Autofenster lehnte und kräftig auf die Wagentür schlug. Die Mitmenschen kümmerten mich überhaupt nicht, waren bloße Zielscheiben des Spotts. Mit 15 Jahren gehörte ich einer bürgerlichen Vorstadtgang an, in der man sich sinnlos betrank und seine Zerstörungswut willkürlich an Menschen und Dingen ausließ. Ich spuckte so viel, dass ich den Spitznamen »Mr. Spucke« erhielt. Zweimal war ich in wilde Schlägereien verwickelt, wovon ich erst am nächsten Morgen erfuhr. Das war kein gepflegtes Trinken in Gesellschaft mehr, das wir als snobistisch verachteten. Warum uferte unser soziale Unzufriedenheit in Gewalt aus?

Aus Angst vor der staatlichen Schule, an der ein besonders aggressiver Lehrer die Schüler angeblich wie Häftlinge behandelte, bewarb ich mich am Ende der neunten Klasse an der Pomfret School in Connecticut, wo ich mich als Mensch angenommen fühlte: Als mich der Lehrer, der mir das Schulgelände zeigte, freundschaftlich in den Arm knuffte, gab ich den Knuff zurück, und er ließ es sich gefallen! Ich schrieb mich ein, dankbar, dass ich damit der Eintönigkeit der staatlichen Schulen entkam. In der letzten Klasse, im vierten Jahr Latein, pflegte sich unsere kleine Gruppe – die meisten hatten Latein gewählt, um der Chemie zu entgehen – über einen alkoholsüchtigen Lehrer lustig zu machen, der sich stets mit einem Grunzen zur Tafel umdrehte. Und doch hinterließen seine Ausführungen über die Psychologie von Vergils *Äneis* einen bleibenden Eindruck bei mir. Woher stammte nur unsere Unfreundlichkeit?

Ich legte die beste Prüfung ab, erhielt als Preis ein Exemplar von Ovids *Metamorphosen* und ging 1958 nach Harvard. Dort gab ich nach einem Rippenbruch bald das Ringen auf. In der Schule hatte ich noch meine wahre Freude daran gehabt, meine Gegner mit Nackenhebeln zu demütigen – der einfachste Griff, wobei ich mit solcher Wucht zupackte, dass meine Gegner keine Luft mehr bekamen. Aber plötzlich hatte ich das Gefühl, genug Leute besiegt zu haben; ich hatte keine Lust mehr zu ringen. In mir begann sich irgendetwas zu ändern.

Nach den ersten beiden Semestern zog ich mich, von Thoreau inspiriert, in die Wälder von Vermont zurück, wo ich lange Spaziergänge machte, auf Farben aufmerksam wurde, meine schlechten Träume austräumte und Gedichte schrieb. Zum ersten Mal setzte ich mich ernsthaft mit dem Abgrund an Einsamkeit und Wut, der mein Leben bestimmte, auseinander. Als die kalte Jahreszeit anbrach, machte ich mich, angeregt durch Herman Melvilles *Taipi* und Somerset Maughams *Silbermond und Kupfermünze*, auf einem Frachter von New

York nach Tahiti auf. Nach der Fahrt durch den Panamakanal vertiefte ich mich zehn Tage in den Himmel, auf der dem Wind zugekehrten Schornsteinseite des Oberdecks hingestreckt, erfüllt von dem wunderbaren Blau des wahrhaft Stillen Ozeans. Auf Tahiti war ich dann bass erstaunt, dass die anderen Ausreißer kein Interesse daran hatten, sich gegenseitig ernsthaft kennen zu lernen; sie wollten bloß Bier trinken und Mädchen haben. Die Mädchen dort schliefen tatsächlich mit den Reichen, bekamen Geld dafür, holten aus der Straßenkneipe Bier, setzten sich auf unseren Schoß, schaukelten darauf herum und spuckten hin und wieder den Tuberkuloseschleim aus, der sie plagte. Am Ende empfand ich den bunten Szenetreff der Insel nur noch wie ein Kaleidoskop, und außerdem bemerkten die französischen Imperialisten, dass ich kein Visum besaß; also verließ ich die Insel. Das war nicht, was ich wollte. Aber was wollte ich überhaupt?

Als ich nach eineinhalb Jahren ans College zurückkehrte, begann ich wieder mit der Sauferei. Ich erinnere mich verschwommen, wie ich im Elf-Uhr-Seminar über russische Literatur den Holzstuhl vor mir zu fixieren versuchte. Einmal schenkte mir ein Freund spätabends eine Flasche Rum, nachdem ich im Harvardclub eine Beat-Generation-Lesung veranstaltet hatte (als ich Allen Ginsberg vorlas, wäre ich beinahe zusammengeschlagen worden). Nachdem ich die Flasche fast ausgetrunken hatte, trieb ich mich auf der Massachusetts Avenue herum, wo ich mich plötzlich einer Glastür gegenüber fand. An ihr wollte ich meine Flasche zerschlagen, aber das Gegenteil geschah: Die niedersausende Flasche ließ die Tür zu Bruch gehen. Ich flüchtete mich in mein Zimmer und warf mich bäuchlings aufs Bett. Am nächsten Morgen hatte ich dann fürchterliche Angst vor einer Verhaftung. Als mir aber dämmerte, dass ich Raskolnikov aus *Schuld und Sühne* imitierte, musste ich doch ein wenig lachen und kam wieder etwas zu Sinnen. Woher stammten diese Lichtblicke?

Wieder eineinhalb Jahre später, im Sommer zwischen dem vorletzten und letzten Studienjahr, zog ich mich für sechs Wochen in eine Hütte zurück, an einem See bei Nord Hadley in der Provinz Quebec. Sie war schwer zu erreichen. Ich fuhr die fünf Kilometer allein mit dem Kanu über das stürmisch bewegte Wasser. Beim Losfahren hatte mich ein alter Mann gewarnt, ich würde es nicht schaffen, aber ich verwendete meinen Rucksack als Ballast und fuhr quer zu den Wellen. Die sechs Wochen Ferien ließen mich zur Ruhe kommen. Anfangs war ich körperlich so down, dass ich zu keinen Wanderungen in der Lage war, vor allem weil die Hütte an einem steilen Hang lag. Als ich mich mit der Zeit erholt hatte, kletterte ich jeden Tag den Berg hinauf und vertiefte mich in den Anblick des Himmels.

Die übrigen Sommerferien verbrachte ich in Oklahoma an einem Fluss, wo ich meine Praxis, mich auf den Boden zu legen und in den Himmel zu schauen, fortsetzte. Ich ließ mich den Fluss in einem Gummireifen hinuntertreiben, legte ab und zu an und beobachtete die kleinen Stromschnellen; dabei erkannte ich, dass das, was ich für den Fluss hielt, ein immer anderes Wasser war und dass es keinen Fluss an sich gab, jedenfalls nicht so, wie man sich das normalerweise vorstellte. Diese Erfahrung erinnerte mich an ein Kindheitserlebnis, als ich, auf meinem Kinderstuhl am Esstisch sitzend, in eine Kerzenflamme schaute und sah, dass sie sich ständig änderte. Ich beobachtete ihre Mitte, die zwar gelb blieb, doch immer gleich flackerte. Es war nichts Festes auszumachen, und sei es auch nur für einen kurzen Augenblick, das man die Flamme hätte nennen können. Diese Kindheitsbeobachtung zusammen mit den Betrachtungen des Himmels und jetzt des Flusses ließ mich erkennen, dass nichts Bestand hat. Der Stoff, aus dem wir geschaffen sind, verhält sich nicht anders als die Flamme oder das Wasser. Was vor einigen Augenblicken da war, ist kein Bestandteil der Gegenwart mehr.

Als ich einmal den Fluss hinuntertrieb, sah ich einen alten Mann auf einer Bank sitzen, dessen Kopf zur Seite hing, als wäre er gerade gestorben. Da kam mir plötzlich der Gedanke, dass sich seine letzte Wahrnehmung in diesem Leben nicht wesentlich von seinen anderen Wahrnehmungen unterschieden haben würde. Die Lebenserfahrungen flossen nicht gebündelt in die letzte Wahrnehmung ein, um sie schillernd, reich und tief zu machen, sondern vielmehr würde er ganz normal zur Seite geschaut haben und dann gestorben sein. Erfahrungen sind keine Gepäckstücke; sie lassen sich nicht in einen Koffer packen und dann in handlicher Form mitnehmen. Ich begann die völlige Vergeblichkeit äußeren Tuns zu verstehen und kehrte meine Aufmerksamkeit um, einem inneren Licht zu.

Als ich im Herbst 1962 nach Harvard zurückkehrte, hatte ich das Gefühl, ein Sarg sei geöffnet worden; ich hatte bisher wie in einem Sarg gelebt, war mir der Gegenwart des Himmels normalerweise nicht bewusst. In Oklahoma hatten sich meine Himmelsmeditationen dann so summiert, dass ich nach meiner Rückkehr in den Osten auch dort plötzlich seine Gegenwart wahrnahm – meine ganze Welt tat sich auf.

Jenes letzte Jahr hatte ich im siebten Stock des Harvarder Leverett House ein Einzelzimmer. Es lag nach Norden, mit einer scheußlichen Aussicht, also dichtete ich das Erkerfenster mit Sperrholz ab. Die Sperrholzkisten dazu holte ich mir vom Holzhandel, den mein Vater betrieb und wo ich manchmal arbeitete. Ich klebte ein Landschaftsbild mit Gänsen darauf. Die Holzjalousien der schmaleren Seitenfenster verhängte ich abends mit Sackleinen, so dass die Fenster einen Spalt geöffnet werden konnten, ohne dass Licht hereinkam. Für den hässlichen Fliesenboden nähte ich mir einen Teppich aus Jute. Die Säcke dazu besorgte ich mir von der Farm, auf der mein älterer Bruder arbeitete. Und den Türspalt zum Gang verhängte ich ebenfalls mit Sackleinen, sodass ich einen stockdunklen Raum für die Meditation hatte. Völlige Dunkelheit gleicht in vieler Hinsicht dem unendlichen Himmel.

Manchmal lag ich die ganze Nacht über regungslos auf meinem Bett, ungeachtet der unerträglichen Schmerzen, die die mangelnde Bewegung hervorrief, bis sich Halluzinationen einstellten und mir verschiedene Lichter im Zimmer erschienen. Manchmal führte ich tagsüber am Charles-Ufer meine Himmelsmeditationen durch. Eines Tages wimmelte es am Himmel nur so von Lichtpunkten; statt wie gewohnt in der Ferne zu bleiben, funkelten sie dicht über mir.

Die Labilität des Geistes, die sich bei diesen Betrachtungen des Himmels und der völligen Dunkelheit erwies, und meine sich entwickelnde Fähigkeit, mich schlagartig in Schlaf zu versetzen, begannen mich zu fesseln; ich brauchte mich nur hinzusetzen, mich zur Ruhe zu zwingen, und schon war ich in einem tranceartigen Zustand. Dabei hielt ich mich an C. G. Jungs Rat, bewusst zu fantasieren, und begann ein Freundschaftsverhältnis mit einem Adler, von dem ich mir vorstellte, er käme ins Zimmer geflogen. Aber diese Übung brachte nichts, ja sie war sogar hinderlich – ich wollte mich nicht von willkürlichen Vorstellungen vereinnahmen lassen. Ich suchte nach etwas anderem.

Ein guter Freund, der mir weiterhelfen wollte, hörte von einem lamaistisch-buddhistischen Kloster in New Jersey (heute das *Tibetan Buddhist Learning Center)*. Wir fuhren hin und sprachen mit Geshe Wangyal, einem hochgelehrten Meister, der 35 Jahre in Tibet studiert hatte. Als uns der schelmische Kalmücke in sein rosa Farmhaus in der Ebene von New Jersey hereinbat, fanden wir einen tibetischen Altarraum vor, der das ganze Wohnzimmer ausfüllte. Ich war platt. Niemals würde ich mehr annehmen, in Amerikas Wohnzimmern sei nichts los!

Ich war von unserer kurzen Unterredung nicht besonders beeindruckt, besuchte ihn aber einen Monat später noch einmal, weshalb, weiß ich jetzt nicht mehr. »Was ist Leere?«, fragte ich ihn. Er scherzte: »Sie wollen wissen, was *Shunyata* (das Sanskritwort für Leere) ist. Sie studieren doch in Harvard.« Aber ich ging nicht darauf ein. Später in der Unterhaltung sagte er: »Sie werden sich nicht eingehend mit diesen Fragen befassen können, aber wenn Sie nach dem Studium einmal in Boston arbeiten, können Sie auf den täglichen U-Bahnfahrten über Folgendes nachdenken.« Und er lehrte mich eine wichtige tibetische Übung zur Entwicklung von Mitgefühl und Altruismus. Sie umfasst eine Reihe von Meditationen, die aufeinander aufbauen und darin gipfeln, dass man sich tief in alle Wesen einfühlt.

Er erklärte mir den ersten Schritt dieser Meditationsreihe – das Erzeugen von Gleichmut, die Bewusstmachung, dass jeder in seinem Innersten die gleichen Ziele verfolgt, nach Glück strebt und frei von Schmerzen werden will. Er sprach ergreifend von der Einübung der Vorstellung, dass Freunde, Feinde und neutrale Personen gleichermaßen nach Glück und der Vermeidung von Leid streben. Die Erkenntnis dieser Gleichheit ist die Grundlage für die Kultivierung von Mitgefühl und dem Wunsch, dass jeder frei sein möge von Leid und den Ursachen des Leids.

Diese einleitende Übung zur Erzeugung von Gleichmut ließ mich nach meiner Rückkehr zum College nicht mehr los. Ich stellte mir während der Meditation in meinem Zimmer irgendjemanden aus meinem Bekanntenkreis vor. Sofort war ich von Verlangen, Hass oder Eifersucht geplagt – sehr deutliche Gefühle. Mir war klar: »Das ist mein Verstand – ich sollte mir Menschen vorstellen können, ohne von diesen Gefühlen überwältigt zu werden«, aber ich konnte es nicht. Ich steigerte mich in die Meditation hinein und dachte: »Es handelt sich doch nur um Vorstellungen, ich sollte mir diese Leute einfach nur vorstellen können.« Aber ich konnte es nicht.

So begann ich systematisch über Menschen aus meinem Leben zu meditieren, indem ich immer weiter in die Vergangenheit zurückging. Schließlich gelangte ich zu den Klassenzimmern, wo ich zwischen meinen Mitschülern und -schülerinnen saß, und machte mir ihnen gegenüber jeweils bewusst: »Genauso wie ich mich nach Glück sehne und frei sein will von Leid, sehnt sich diese Person nach Glück und will frei sein von Leid.« Das löste die Erinnerungen aus ihrer Starre und ließ sie im Geist ganz lebendig werden. Schrittweise tauchten die Erinnerungen an angenehme und unangenehme Kindheitserfahrungen auf. Schließlich war ich wieder mit der Person integriert, die ich als herumkrabbelndes Baby war. Und bei alledem fand ich, wonach ich gesucht hatte – eine effektive Schulung in Mitgefühl.

Einen Monat vor meinem Abschlussexamen hatte ich mich geistig so weit gewandelt, dass ich beschloss, nicht wie geplant in der Waldeseinsamkeit Gedichte zu schreiben, sondern ins Kloster einzutreten.

Für die letzten Scheine, die für den Abschluss nötig gewesen wären, hätte mein Vater noch einiges bezahlen müssen, also beschloss ich, keinen Abschluss zu machen. Wer brauchte schon einen akademischen Abschluss im buddhistischen Kloster! So ging ich ins Kloster und blieb dort fünf Jahre. Als Erstes ließ mich Geshe Wangyal meine Bücher holen und schickte mich dann zu meiner Abschlussprüfung. Ich bestand mit magna cum laude und erhielt den Leverett-Preis für meine Übersetzung des angelsächsischen Gedichts »Der Wanderer«. Als der Rektor des Leverett-Hauses mir das Zeugnis überreichte, sagte er: »Als ein moderner Thoreau, ein Naturliebhaber und ernsthafter Wahrheitssucher, der allein durch Kanadas Wälder zieht, sind Sie einer der ungewöhnlichsten und intellektuell begabtesten Männer Ihres Studienjahrgangs.« (Auch jetzt noch bin ich von Thoreau begeistert – allerdings nicht so sehr von seinem Individualismus – und wandere durch die Wälder, deren Schönheit mich jedesmal überwältigt.)

Ich lernte im Kloster Tibetisch und praktizierte Meditationsformen, wie sie im gesamten riesigen tibetischen Kulturraum bekannt sind, der sich von Tibet selbst über westmongolische Gebiete und von dort, wo die Wolga ins Kaspische Meer mündet, über die äußere und innere Mongolei bis in die Burjaten-Republik Sibiriens sowie bis Ladakh, Sikkim, Bhutan und einen Großteil Nepals erstreckt. Diese Meditationen bilden das Grundgerüst dieses Buches; sie beziehen sich alle auf die Kultivierung des Mitgefühls und die Betrachtung der wahren Natur der Erscheinungen und sind bis heute der Kern meiner täglichen Praxis geblieben.

Nach meinem Klosteraufenthalt belegte ich in den folgenden zwei Jahren die Doktoranden-Seminare für buddhistische Studien an der Universität Wisconsin und fuhr dann mit einem Fulbright-Stipendium nach Indien, um für die Dissertation zu recherchieren. Ich entschied mich bald für eine Reise nach Dharamsala, wo der Dalai Lama lebte, obwohl ich vom Vorsitzenden der Fulbright-Kommission in Neu-Delhi ausdrücklich darum gebeten worden war, aus politischen Gründen nicht dorthin zu gehen – weil nämlich die chinesische Regierung auf der Isolierung des Dalai Lama bestand (und immer noch besteht). Ein glücklicher Zufall wollte es, dass der Dalai Lama, zwei Tage nachdem ich in Dharamsala angekommen war, eine sechzehntägige Belehrung über die Stufen auf dem Weg zur Erleuchtung begann, die täglich vier bis sechs Stunden dauerte. Zwar war ich zunächst etwas skeptisch, was den Titel des Dalai Lama als »amtlich« anerkannte Reinkarnation betraf, aber dann faszinierten mich seine Weisheit und sein Scharfblick dermaßen, dass ich auf ihn mehrere Lobgesänge in Tibetisch verfasste. Er nahm mich nach einer Reihe von Audienzen als seinen Privatschüler an, und schließlich machte er mich zwischen 1979 und 1989 zu seinem Hauptdolmetscher auf zehn Reisen, die ihn in die Vereinigten Staaten, nach Kanada, Malaysien, Singapur, Indonesien, Australien, Großbritannien und in die Schweiz führten. Wir brachten gemeinsam sieben Bücher heraus, darunter die *Logik der Liebe*. Es bereicherte mein Leben ungemein, dass ich so oft in seiner mitfühlenden Gegenwart war und mich den intellektuellen Anforderungen stellen musste, die jede Interaktion mit ihm erforderte.

Seit Beginn meines Trainings habe ich bei 18 tibetischen und mongolischen Lamas gelernt, ich war zehnmal in Indien und fünfmal in Tibet, habe 17 Artikel und 25 Bücher veröffentlicht, die in 20 Sprachen übersetzt worden sind, ich habe vieles getan, aber die treibende Kraft war immer, die Lehre in die Praxis umzusetzen und niemals die Lehre als Selbstzweck zu betrachten. In diesem Buch möchte ich jene Einsichten mitteilen, die ich durch die Übungen zur Kultivierung des Mitgefühls gewann. Meiner Meinung nach handelt es sich um ein extrem wichtiges Thema, weil ich aus eigener Erfahrung weiß, dass aus der krankhaften Haltung des »Ich gegen die Welt« – wobei alles auf ICH, ICH, ICH hinausläuft – entweder Verzweiflung oder gnadenloser Ehrgeiz resultiert, die beide das eigene Glück und das Glück aller um uns herum sowie den Gemeinsinn zerstören, der die Grundlage eines glücklichen Lebens ist.

Ohne Mitgefühl wird Kritik an anderen scharf und zügellos, verselbstständigt sich schließlich so weit, dass sie nicht einmal vor den eigenen Freunden, der eigenen Familie und vor einem selbst Halt macht. Ohne Mitgefühl wird die Politik zu einer Angelegenheit von Machtblöcken, die einander so lange bedrohen und tyrannisieren, bis alle Brücken zerbrechen. Eine mitgefühlslose Perspektive führt zu der Zwangsvorstellung, dass wirtschaftlicher Erfolg nicht nur wichtig, sondern der alleinige Sinn und Zweck des menschlichen Daseins ist; sie führt zu einem unmoralischen Geldstreben, bei dem man nicht mehr zwischen äußerem Komfort und wirklicher innerer Zufriedenheit unterscheidet.

Der Nutzen der hier vorgestellten Lektionen und Techniken besteht darin, dass sie uns langsam aus dem Zustand der Gleichgültigkeit oder der Wut herausführen werden, dass sie uns einfühlsamer und umsichtiger machen können und so einer traurigen Welt Hoffnung bieten. Kürzlich hörte ich, dass dieses Jahrtausend einen Trend zum Mitgefühl erleben wird. Möge es so sein! Aber da der Appell ans Mitgefühl allein nicht genügt, sind in diesem Buch wertvolle Übungen zu finden, deren Nützlichkeit ich jedenfalls bestätigen kann.

Kapitel 1

Meditation

Ist Ihnen schon einmal aufgefallen, wie schwierig es ist, einen Gedanken konsequent zu verfolgen? Der Verstand schweift so schnell vom Thema ab, bei dem er bleiben soll. Man ist geneigt, ihn mit Schaumblasen auf einem Fluss oder einem darin treibenden Ball zu vergleichen. Doch das Wesen des Geistes entspricht nicht den Blasen und Wellen auf der Oberfläche des Flusses oder der Bewegung, sondern dem Wasser selbst. Weil wir an den oberflächlichen Erscheinungen der Dinge hängen, haben wir allerdings das Gefühl, es entspräche dem Wesen des Verstandes, sich hierhin und dorthin zu wenden. Es ist so, als setzte man sich in einen Bus und ließe den Fahrer entscheiden, wohin es gehen soll. Wenn man aussteigt, sagt man dann, es gefalle einem hier. Darum fällt es so schwer, am unparteiischen Mitgefühl festzuhalten: Es steht dem konditionierten Gedankenfluss entgegen.

Da eine Haltung wie unparteiisches Mitgefühl nicht leicht ist, eben weil sie unserer gewohnten Sicht zuwiderläuft, muss sie in der Meditation geübt werden. Man entwickelt langsam ein Gespür für diese Haltung, so dass sie immer leichter fällt, bis sie sich schließlich natürlich und spontan einstellt. Durch ausgiebiges Üben gehen einem das Mitgefühl und die Uneigennützigkeit sozusagen in Fleisch und Blut über.

Es erfordert monate- und jahrelange Meditation, bis einem neue Einstellungen, wie zum Beispiel tief empfundenes Mitgefühl, zur Selbstverständlichkeit werden. Daher stellt sich der Erfolg nur langsam ein, in kleinen Änderungen des täglichen Verhaltens. Selbst wenn die Meditation tiefe Einblicke bringt, kann man nach der Sitzung, im Alltag, sehr leicht wieder in alte Haltungen verfallen.

Ungeübte Meditierende können, wenn sie in einer Sitzung eine sehr tief gehende Erfahrung gemacht haben, manchmal nicht zugeben, wie leicht man in alte Gewohnheiten zurückfällt. Manche versteigen sich sogar zu der Behauptung, die außerhalb oder auch während der Meditation auftretenden Begierde- oder Hassausbrüche seien spiritueller Art und durchaus mit ihren neuen Einsichten vereinbar. Der Rückfall in alte Verhaltensmuster muss jedoch klar als solcher erkannt werden: Wir verfallen immer wieder in alte Verhaltensweisen, sind darin vielleicht noch effektiver, weil wir durch die Meditation konzentrierter geworden sind. Solche Rückfälle zeigen nur, dass man Sinn für Humor braucht und weiter meditieren muss.

Das tibetische Wort für Meditation ist *sgom pa* (»gom pa« ausgesprochen). Und in einem Wortspiel heißt es: Meditation *(sgom pa)* ist Gewöhnung *(goms pa)*, wobei der Buchstabe »s« beide Male nicht ausgesprochen wird. Meditieren bedeutet also, mit etwas vertraut werden, sich etwas angewöhnen, zur Gewohnheit machen. Man versucht Regelmäßigkeit in die Praxis zu bringen, damit sie das alltägliche Verhalten beeinflussen kann, und dazu eignen sich kurze Meditationsperioden besser als lange. Eine kurze Sitzung kann man mit großer Entschlossenheit durchführen. Meditiert man hingegen längere Zeit relativ unkonzentriert, übt man Dumpfheit ein und gewöhnt sich an geistige Trägheit. Daher sind häufige kurze Übungsphasen das Beste.

Es gibt sehr wenige Menschen, die ihr Mitgefühl in früheren Leben so sehr entwickelt haben, dass ihre Meditation völlig ungehindert dahinfließt, wenn sie sich in diesem Leben zu seiner Übung hinsetzen. Selbst wenn wir uns zur Meditation hingezogen fühlen, erstreckt sich unser Mitgefühl zwar mit Leichtigkeit auf unsere Freunde, aber schon weniger leicht auf Menschen, die uns gleichgültig sind; und wenn es erst einmal um die Menschen geht, die wir nicht mögen, wird die Meditation problematisch. Dann machen wir uns meist selbst etwas vor. Um wirklich spontan und ehrlich mitzufühlen, geht kein Weg an der ausdauernden Übung vorbei. Dazu gehört, dass man lernt, sich möglichst klar vor Augen zu führen, wie sehr die einzuübende Haltung der gegenwärtigen Neigung widerspricht. Eine bloß oberflächliche Umdeutung der tatsächlichen Gefühle würde diese nicht transformieren, sondern nur unterdrücken. Verdrängung funktioniert nicht; was man vermeidet, kommt auf andere Weise wieder zum Vorschein und lässt die eingeübte Sicht erst recht nicht spontan werden. Wir müssen uns mit unseren Aversionen auseinander setzen. Oft identifizieren wir uns jedoch so sehr mit ihnen, dass wir sie nicht einmal für kurze Zeit zurücknehmen können. Viele von uns haben zu ihren Eltern ein angespanntes Verhältnis, aber es gab eine Zeit, als Mama und Papa für uns der Inbegriff der Welt waren. Weshalb können wir uns nicht mehr in dieser Form an sie erinnern, und sei es nur für einen Moment? Der Grund dafür ist, dass wir uns angewöhnt haben, sie ständig zu kritisieren.

Man muss sich also im Klaren sein, dass die Entwicklung von Mitgefühl unglaublich viel Geistestraining erfordert und langsam vonstatten geht. Zwar tun sich in der Meditation oft ganz plötzlich echte große Gefühle auf, doch gehen diese vorüber. Entscheidend ist Beständigkeit. Auf die kleinen Fortschritte kommt es an, die dadurch erleichtert werden, dass man Hindernisse und Erfolge miteinander bespricht. Ich leite oft Gruppensitzungen, in denen ich die Teilnehmer und Teilnehmerinnen durch eine Reihe von Meditationen führe, beginnend mit Gleichmut und gipfelnd in der Erzeugung von Mitgefühl. Wir machen eine spezielle Übung, und dann frage ich: »Welche neuen Gefühle fielen euch auf?« Wenn dann der eine seinen Erfolg bei der Einübung von Mitgefühl schildert, liefert das dem anderen vielleicht einen Hinweis, wie er seinen Bruch mit jemandem überwinden könnte, von dem er nicht einmal denken kann: »Diese Person sehnt sich nach Glück und möchte frei sein von Leid.« Indem er vom Erfolg des anderen hört und diesen nachvollzieht, kommt er selbst weiter.

Auch wenn einen die Langeweile plagt, während man neutralen Personen gegenüber – die einem weder geholfen noch geschadet haben – sein Mitgefühl zu kultivieren versucht, kann es sehr hilfreich und inspirierend sein, von anderer Seite das Gegenteil zu hören: »Mann, die Vorstellung, dass Kollege Soundso sich nach Glück sehnt und frei sein will von Leid, war vielleicht aufschlussreich!« Außerdem: Wer als Teilnehmer über die eigenen Blockaden spricht, kommt allein schon dadurch, dass er seine Konfliktsituation als solche äußert, der Lösung ein Stück näher. Auch wenn Hindernisse gewöhnlich nicht fortgeredet werden können, trägt ein Aussprechen doch zu ihrer Überwindung bei.

Gelegentlich verliert man auch den Faden und fragt sich verwirrt: »Worum geht es eigentlich? Was soll das alles?« Es mag dann vielleicht etwas dauern, bis man sich erinnert: »Oh, ich wollte ja Mitgefühl üben.« Sobald Sie merken, dass Sie vom Thema abgeschweift sind, kehren Sie einfach wieder zu ihm zurück. Schämen Sie sich deswegen nicht, aber bilden Sie sich auch nichts auf die Entscheidung Ihres Verstandes ein, die Meditation als nicht lohnenswert anzusehen und sich einem anderen oder gar keinem Thema zuzuwenden. Kehren Sie einfach wieder zu Ihrem Thema zurück.

Sollten Sie vor der Integration einer regelmäßigen Praxis in Ihren eh schon hektischen Alltag zurückschrecken, seien Sie versichert, dass die tägliche Meditation des Mitgefühls keine Stunden in Anspruch nimmt. Als ich 1972 das erste Mal in Dharamsala war und zuhörte, wie der Dalai Lama die Stufen des Erleuchtungsweges darlegte, führte er mittendrin eine Zeremonie durch, die uns alle dazu verpflichtete, sechsmal am Tag Zuflucht zum Buddha, seiner Lehre und seiner Gemeinde zu nehmen. Wir sollten dabei aufmerksam die Formel rezitieren: »Ich nehme Zuflucht zum Buddha, seiner Lehre und seiner Gemeinde, bis ich erleuchtet bin. Möge ich dank meiner Wohltätigkeit, Disziplin, Geduld, Mühe, Konzentration und Weisheit zum Wohl aller Wesen Buddhaschaft erlangen.« Anfänglich dachte ich: »Wie soll ich es schaffen, sechsmal am Tag Zuflucht zu nehmen? Ich habe dazu keine Zeit.« Die Zufluchtnahme geht jedoch sehr schnell; es war lächerlich zu glauben, ich hätte dafür keine Zeit. Natürlich hatte ich genügend Zeit dazu. Ich war nur nicht daran gewöhnt. Sie dauert ganze fünfzehn Sekunden. Und das mal sechs – was auch in einer Reihe hintereinander möglich war – ergab eineinhalb Minuten! Jeder kann täglich hier und dort ein paar Minuten erübrigen, um Mitgefühl zu üben.

Haltung

Die Meditation muss in keiner bestimmten Haltung durchgeführt werden; sie kann und sollte in verschiedenen Haltungen stattfinden – im Stehen, im Gehen, im Sitzen, im Bus oder Flugzeug, ganz gleich wo und wann, vorausgesetzt, man verursacht dabei keinen Unfall. Die Abwechslung der Haltungen erleichtert die Integration der meditativen Betrachtungen in den Alltag und verstärkt ihre Wirkung. Es gibt jedoch eine spezielle Sitzhaltung, die die Konzentration und Ausdauer im Laufe der Zeit besonders fördert. Bei dieser Haltung sind sieben Punkte zu beachten:

1. Man sitzt in der so genannten vollen oder halben Lotoshaltung auf einem festen Kissen. In Tibet heißt sie volle oder halbe Vajra-Haltung. *Vajra* ist ein Sanskritwort und bedeutet Diamant oder Diamantzepter, etwas Unzerstörbares; die Vajra-Haltung ist stabil, unzerstörbar. Zwar kann man grundsätzlich in jeder Haltung meditieren, aber diese Sitzhaltung empfiehlt sich, weil sie den emotionalen Störfaktoren entgegenwirkt, unseren Hang zur Schläfrigkeit eingeschlossen. Im Liegen zum Beispiel ist es sehr viel schwerer, konzentriert zu bleiben.

   Das Kissen soll bequem sein. Am besten sind zwei Kissen: ein großes rechteckiges Kissen, wie in der Zen-Meditation, und darauf ein kleineres entweder rechteckiges oder rundes Kissen für das Gesäß, dieses kleinere Kissen darf ziemlich fest sein und sollte einerseits dem Gesäß genügend Platz bieten, andererseits klein genug sein, dass die Unterschenkel und das Knie auf dem unteren Kissen aufliegen; auf keinen Fall sollten die Kissen zu weich sein.

In der halben Vajra-Haltung wird das rechte Bein unter das linke gelegt; der linke Fuß liegt auf dem rechten Oberschenkel, mehr oder weniger in der Leistengegend. Die halbe Vajra-Haltung bereitet auf die volle Vajra-Haltung vor. Sie brauchen den linken Fuß nicht gleich bis zur rechten Leiste zu bringen, gewöhnen Sie das linke Knie und den linken Fuß langsam an die neue Haltung. Wenn Sie den linken Fuß gar nicht auf den rechten Oberschenkel legen können, setzen Sie sich mit gebeugtem linken und nur leicht angewinkeltem rechten Bein hin. Anfangs konnte ich meine Beine fast gar nicht anwinkeln, aber bei Geshe Wangyal mussten wir während seiner Belehrungen täglich stundenlang auf dem Boden sitzen, auf dem nur ein dünner Teppich lag. Das war ein hartes Training, und nach einer Weile war es völlig egal, wie man dasaß; es tat einfach weh.

Die volle Vajra-Haltung unterscheidet sich von der halben nur darin, dass man außerdem den rechten Fuß auf den linken Oberschenkel legt. Viele glauben, die beiden Füße müssten dabei unbedingt in den Leistenbeugen liegen. Ich erfuhr von einem meiner Lamas, dass dies völlig unwichtig und es viel besser ist, wenn man lockerer sitzt – indem man das linke Bein weiter herausschiebt und den rechten Fuß fast am Knie auflegt. Einige können mit den Füßen in den Leistenbeugen sitzen, aber wer dies eine halbe Stunde lang schafft, kann in der lockeren Position eine bis zwei Stunden sitzen.

Die Lotos- oder Vajra-Haltung ist stabil und wird mit der Zeit bequem. Nach ein paar Wochen oder Monaten werden Sie feststellen, dass beide Knie auf dem unteren Kissen aufliegen, normalerweise steht jedoch zu Beginn der Praxis das rechte Knie in der Luft. Ein etwas dickeres Sitzkissen hat unter anderem den Vorteil, dass dadurch beide Knie leichter den Boden berühren können. Aber das heißt nicht, dass Sie sich nach vorne beugen sollen. Wenn Sie hingegen ebenerdig sitzen, wird das rechte Knie immer leicht in die Luft stehen.

Was kann man tun, wenn das Sitzen unbequem wird? Unterbrechen Sie die Haltung, wenn sie schmerzt. Bringen Sie die Beine aus der Verschränkung und massieren Sie die Stellen, die wehtun. Kehren Sie dann in die Haltung zurück, so weit Sie es vermögen. Sie werden merken, dass das hilft. Mir ist ein kräftiger Mann bekannt, der sich mit Gewalt in die Vajra-Haltung brachte und dabei sein Bein brach. Man muss aufpassen und seine körperlichen Grenzen respektieren.

2. Wenn Sie die volle oder halbe Vajra-Haltung eingenommen haben, schließen Sie die Augen halb. Schließt man die Augen ganz, beflügelt dies zwar zunächst die Vorstellungskraft. Die Konzentration scheint leichter zu fallen, doch wird sie wesentlich rascher nachlassen, als wenn man die Mühe auf sich genommen hätte, die Augen von Anfang an nur halb zu schließen – wobei man den Blick auf die Nasenspitze richtet oder, falls das zu anstrengend ist, in etwa einem Meter Abstand auf den Boden. Natürlich soll man nicht auf die Nasenspitze starren, sondern die Augen so einstellen, dass man nicht von visuellen Eindrücken abgelenkt wird, auch wenn noch etwas Licht in die Augen fällt.
3. Setzen Sie sich aufrecht hin, Rücken gerade, und verweilen Sie so. Dazu lehne ich mich anfangs leicht nach vorne

und richte mich dann auf. Durch diese Dehnung rutscht das Fettpolster des Gesäßes nach hinten und ergibt eine Art Stützkissen, so dass das Geradesitzen wesentlich leichter fällt. Tut man dies nicht, erschwert das Fettpolster das Geradesitzen.

4. Halten Sie die Schultern gerade. Hier sollte zunächst ein Außenstehender helfen und sagen, ob sie auch wirklich gerade sind. Prägen Sie sich diese Haltung ein.
5. Halten Sie den Kopf gerade, mit der Nase in einer Linie zum Nabel. Der Kopf soll dabei weder nach hinten noch zur Seite gekippt werden. Recken Sie den Hals ein wenig wie ein Pfau, während Sie den Kopf leicht nach vorn neigen. Hals recken und Kopf senken, vielleicht fragen Sie sich jetzt, wie das denn gleichzeitig gehen soll, aber probieren Sie es aus, dann werden Sie den Vergleich mit dem Pfau verstehen.
6. Der Mund ist geschlossen, wobei die Zunge den Gaumen leicht berührt. Das normalisiert den Speichelfluss. Übermäßiger Speichelfluss stellt bei der Meditation ein Problem dar. Wenn ich mit einer Gruppe meditiere, höre ich die Teilnehmer sehr viel schlucken. Es heißt in fast allen Yogasystemen, dass man durch die Nase atmen soll; halten Sie also den Mund geschlossen und gewöhnen Sie sich jedwedes Atmen durch den Mund ab.
7. Atmen Sie ruhig und gelassen. Es ist schrecklich, wenn man gemeinsam meditiert und einige Teilnehmer glauben, sie müssen stark und hörbar atmen. Damit stören sie nur alle, die mit ihnen meditieren. Es ist auch schlecht für einen selbst, wenn man zu kräftig atmet. Der Geist wird dann zu sehr vom Atem mit Beschlag belegt, und es kann einem sogar schwindlig werden. Richtig ist es, wenn man

so ruhig atmet, dass man sich selbst nicht hört. Denken Sie daran, dass Anfänger sich nicht zwingen sollen, besonders langsam zu atmen oder den Atem anzuhalten.

Zusammenfassung der sieben Punkte:
1. Setzen Sie sich in der vollen oder halben Vajra-Haltung auf ein Kissen.
2. Schließen Sie die Augen halb, den Blick auf die Nasenspitze gerichtet.
3. Sitzen Sie aufrecht, Rücken gerade.
4. Halten Sie die Schultern gerade.
5. Halten Sie den Kopf gerade, leicht nach vorne geneigt, die Nase in einer Linie mit dem Nabel.
6. Der Mund ist geschlossen, die Zunge direkt hinter den Zähnen am Gaumen.
7. Atmen Sie ruhig und gelassen.

Ein Hauptvorzug dieser Haltung ist, dass der Geist »auf dem Atem reitet«, wie es heißt, oder dass er mit den so genannten Winden und Energieflüssen mitgeht. Diese Haltung strafft die Kanäle, durch die diese Energien fließen, richtet somit den Energiefluss aus und damit den Geist, der dann eher in seinem natürlichen Zustand verweilt.

Was tun mit den Händen? Es gibt viele Haltungen. Eine davon ist, dass man seine Daumen jeweils leicht gegen die Wurzel des Ringfingers derselben Hand drückt; das dämpft die Energie der emotionalen Störungen. Oder man legt die Hände auf die Knie. Man kann auch die linke Hand in den Schoß legen, Handfläche nach oben, und die rechte darüber, Handfläche nach unten. Diese Haltung bündelt die Energien. Oder man legt die linke Hand in den Schoß, Handfläche nach oben, und die rechte darauf, Handfläche ebenfalls nach oben. Oder lassen Sie die Hände einfach frei auf Ihrem Schoß ruhen. Oder lehnen Sie sich, die Hände flach auf dem Boden, eine Weile zurück. Diese Haltung belebt bei Müdigkeit.

Der Geist kann in der Meditation zu einer gewissen Stabilität finden, doch wenn er nicht hellwach bei der Sache bleibt, wird aus dieser Stabilität eine subtile Art von Schlaffheit, die der *intensiven* Klarheit im Weg steht. Die verschiedenen Vorzüge der richtigen Körperhaltung helfen, eine dauerhafte intensive Klarheit zu erreichen.

Schritte zur Entfaltung des Mitgefühls

Mitgefühl lässt sich nicht in einer Sitzung erlernen. So ist es nützlich, sich zunächst einen Überblick über die verschiedenen Schritte zu verschaffen, die zur Entfaltung tiefen und beständigen Mitgefühls führen. Denn es ist ein Ansporn, wenn man die Erreichbarkeit des erstrebten Zustands vor Augen hat. Es folgt eine Kapitelübersicht über die sechs Schritte des Weges, einschließlich unterstützender Meditationen.

Erster Schritt:

Kapitel 2
Gleichheit als grundlegender Schritt zum Gleichmut beruht auf der Erkenntnis, dass jeder nach Glück strebt und frei sein will von Leid; die Entfaltung des Gleichmuts wird durch acht Meditationen unterstützt:

Kapitel 3
(1) Bewusste Motivierung vorher und Widmung des Verdienstes hinterher machen die Praxis effektiv.

Kapitel 4
(2) Betrachtungen über die Nähe des Todes schärfen den Realitätssinn.
(3) Durch Entwicklung eines starken Willens lernt man, die kostbare Gelegenheit dieses Lebens zu nutzen.
(4) Das Zugeben unheilsamer Taten, Reue, entschiedenes Nicht-mehr-tun-Wollen und rechtes Verhalten sind vier

Methoden, um die Macht früherer unheilsamer Taten zu verringern.

Kapitel 5

(5) Eine dreiteilige Übung hilft Blockaden des Gleichmuts und Mitgefühls überwinden: Man stellt sich Situationen vor, die an die Hölle erinnern, befreit die betroffenen Wesen aus ihrer Qual und hält sich die Übereinstimmung ihres Ziels mit dem eigenen vor Augen.

(6) Indem man sich in vergangene Konfliktsituationen zurückversetzt und darin eine andere Haltung einnimmt, kann man seine Reaktionsmuster verändern.

(7) Angst lässt sich dadurch überwinden, dass man sich Ungeheuer vorstellt und sich ihnen gegenüber klar macht: Auch sie wollen, wie man selbst, Leiden loswerden und Glück erlangen.

Kapitel 6

(8) Auch durch die Vorstellung enger persönlicher Beziehungen aus vergangenen Leben lässt sich Gleichmut entwickeln.

Zweiter Schritt:

Kapitel 7

Jedermann als nahe stehend betrachten, wozu der beste Freund oder die beste Freundin als Vorbild dient; diese Übung wird in den nächsten beiden Kapiteln erweitert.

Kapitel 8

Wie sich weiter gute Fortschritte machen und Blockaden überwinden lassen.

Kapitel 9
Den Egoismus aufgeben, indem man sich hilfsbedürftige Wesen vorstellt, ihnen Wohlergehen wünscht und sich am Erfolg anderer freut.

Dritter Schritt:

Kapitel 10
Nachdenken über die Wohltaten, die einem – freiwillig oder unfreiwillig – von anderen erwiesen wurden.

Vierter Schritt:

Kapitel 11
Lernen, die Güte anderer zu erwidern.

Fünfter Schritt:

Kapitel 12
Meditation über die drei Stufen der Liebe.

Sechster Schritt:

Ein Überblick über die drei Stufen des Mitgefühls, die in den folgenden drei Kapiteln beschrieben werden, sowie über die im letzten Kapitel behandelte Vertiefung des Mitgefühls durch Weisheit.

Kapitel 14
Mitgefühl entwickeln, indem man sich das Schicksal leidender Wesen am Beispiel eines alten, verbeulten Eimers verdeutlicht.

Kapitel 15
Mitgefühl entwickeln, indem man sich vergängliche Wesen am Beispiel des sich in den Wellen spiegelnden Mondes verdeutlicht.

Kapitel 16
Mitgefühl entwickeln, indem man sich die Leerheit der Wesen am Beispiel des sich im stillen See spiegelnden Mondes verdeutlicht.

Kapitel 17
Vertiefung des Mitgefühls durch Weisheit.

Die Einübung der in diesen Kapiteln enthaltenen Techniken führt durch die Überwindung von Blockaden und die Aktivierung eines vernünftigen Interesses am Wohlergehen anderer Wesen zu einer schrittweisen Entfaltung tiefen Mitgefühls.

Die formelhaften, kurz gefassten Meditationsanweisungen innerhalb des Textes sind zur besseren Orientierung **fett** gedruckt.

Erster Schritt:

Gleichmut

Kapitel 2

Gleichheit

Als ich einmal bei einem Vortrag des Dalai Lama dolmetschte, sagte er in einem, wie mir schien, gebrochenen Englisch: »Gesellschaft ist Güte«. Das ist eine ungewohnte Behauptung. Damals war ich noch nicht in der Lage, mir vorzustellen, er meine, Gesellschaft *bestehe aus* Güte. Ich dachte, er meine, Güte sei wichtig *für* die Gesellschaft, sei für sie *bedeutsam.* Aber er sagte damit aus, dass Güte Gemeinschaft erst ermöglicht, dass es ohne sie keine Gesellschaft gibt. Also IST Gesellschaft Güte, BESTEHT Gesellschaft aus Güte. Wo man sich nicht umeinander kümmert, existiert keine Gesellschaft. Das haben auch die letzten hundert und mehr Jahre des Experimentierens gezeigt: Eine Gesellschaft *funktioniert nicht* ohne gegenseitige Fürsorge und Güte.

Man braucht sich nur die kapitalistischen ebenso wie die kommunistischen Länder anzusehen, die jeweils auf ihre Weise versucht haben, eine Gesellschaft ohne Güte aufzubauen, indem sie einerseits das Ich und andererseits den Staat zum obersten Prinzip erhoben. Der Staat ist nicht die Gesellschaft, wie Letztere meinten, sondern etwas außerhalb davon, was auch immer. Beide Ansätze – schrankenloser Kapitalismus und Kommunismus – sind jämmerlich gescheitert. Jede Zwangsherrschaft geht schief, egal um welchen Zwang es sich handelt. Ob der Staat zu diesen oder jenen Zwangsmitteln greift, die andere Seite wird einen Ausweg finden. Wenn der Staat zum Beispiel eine Abhöranlage installiert, um zu erfahren, was jemand in seinen vier Wänden tut, wird der Betroffene einen Weg finden, diese auszuschalten. Erfindet der Staat daraufhin ein noch ausgeklügelteres System, mit dem man durch Wände sehen kann, werden die Beobachteten wieder eine Möglichkeit finden, dieses Überwachungssystem zu blockieren. Der Teufelskreis geht weiter und weiter. Ohne Gemeinschaftsgeist, ohne Verantwortungsgefühl füreinander, wird es kein funktionierendes System geben.

Auf seinen Vortragsreisen pflegt der Dalai Lama den Zuhörern zunächst mitzuteilen, dass er sie als seine Brüder und Schwestern empfinde – obwohl er einer anderen Religion angehört als die meisten unter ihnen, in einem anderen Teil der Welt aufgewachsen ist, eine andere Sprache spricht und anders gekleidet ist. Aber seine grundlegende Selbsterkenntnis lässt ihn auch erkennen, was alle Wesen wollen.

Tatsächlich kennen wir uns alle ziemlich gut. Wenn der Dalai Lama sagt, dass wir uns alle nach Glück sehnen und frei sein wollen von Leid, mag das als Platitüde erscheinen, als überflüssige Äußerung. Aber es *ist* eine wichtige Aussage, über die wir ernsthaft nachdenken müssen, weil wir *nicht* ständig berücksichtigen, dass so wie *ich* mich nach Glück sehne und frei sein will von Leid, auch *der andere* sich nach Glück sehnt und frei sein will von Leid. Zwar sagt man sich wohl: »O ja, ich ersehne Glück und möchte frei sein von Leid, und die anderen ersehnen Glück und wollen frei sein von Leid. Ist doch klar.« Aber nur zu oft schließt sich gleich der Gedanke an: »Wie können sie mir nützen?«

Unser gewohntes Denken ist: »Wie kann der andere zu meinem Glück beitragen und mir Schmerzen ersparen?« Wenn ich mir jedoch bewusst mache, dass ich nach Glück strebe und frei sein will von Leid und der andere genau dasselbe möchte, kann ich unmöglich von ihm verlangen, mir zu Diensten zu stehen. Genauso wie für mich ist es auch für andere wichtig, Glück zu erlangen und Leiden loszuwerden.

Nur die eigene Sicht

Seitdem ich meine fehlende Bereitschaft, mir ständig dieser Ureigenschaft aller fühlenden Wesen – nicht nur der Menschen, sondern auch der Tiere – bewusst zu sein, erkannt habe, versuche ich herauszufinden, warum es mir an dieser Bereitschaft mangelt. Wir haben so viel gemeinsam, doch wie leicht geht man darüber hinweg, um die anderen Menschen für sich nützlich zu machen – auf Arten und Weisen, in denen man selbst nie benutzt werden möchte. Weit davon entfernt, das Wohl anderer an die erste Stelle zu setzen, erwarten wir, dass alle anderen sich um unser Wohl bemühen. Und wenn sie das nicht tun, wehe ihnen!

Was hält uns von dieser Bereitschaft ab, weshalb sind wir diesbezüglich so vergesslich? Ein Grund dafür ist, dass wir andere Menschen hauptsächlich optisch wahrnehmen. Die anderen *sehen*, uns selbst aber *fühlen* wir, und wir befassen uns vorrangig mit unseren Empfindungen, ob uns kalt oder warm ist, ob wir Hunger oder Durst haben, ob wir genug Luft bekommen, ob wir diese Lust verspüren oder jenen Schmerz. Wir messen uns selbst mit einem ganz anderen Maß als andere.

Da wir die anderen also oft nur mit den Augen zur Kenntnis nehmen, ordnen wir sie in so alberne Kategorien ein wie schwarz, weiß, gelb und rot. Im Rahmen der tibetischen klösterlichen Ausbildung ist eine der ersten Fragen, die man den jungen Mönchen bei den förmlichen Diskussionen stellt: »Ist ein weißes Pferd weiß?« Die richtige Antwort lautet: »Nein, weiß ist die Farbe des weißen Pferds.« Ein Pferd ist, wie ein Mensch, ein fühlendes Wesen, ein Lebewesen, und Lebewesen sind keine Farben. Wir sagen, der Soundso ist ein Schwarzer und der Soundso ein Weißer, aber diese Bezeichnungen sind völlig falsch. Farben sind etwas Materielles. Wir unterscheiden die Lebewesen nach den Eigenschaften ihres Körpers und ihres Geistes, aber sie sind weder der Geist noch der Körper, nicht einmal die Verbindung von beidem.

Was wir von anderen Menschen sehen, ist bloß eine farbige Form, und das ist unsere hauptsächliche Art, sie zu definieren. Uns selbst definieren wir jedoch durch das Gefühl, und maßgeblich ist, ob es angenehm oder schmerzhaft ist. Wir streben nach angenehmen Empfindungen und versuchen unangenehme loszuwerden und sind uns unseres Ziels, Glück zu erlangen und Leiden zu überwinden, ständig bewusst. Anderen Menschen gegenüber ist uns das weniger bewusst, da wir sie hauptsächlich visuell wahrnehmen.

Als mir dies klar wurde, verstand ich, warum der Dalai Lama auf seiner ersten Europareise jedes Mal bei seiner Ankunft in einer Stadt verkündete: »Jeder sehnt sich nach Glück und will frei sein von Leid.« In Indien hatte ich eine lange Vortragsreihe von ihm besucht, bei der er ausführlich über schwierige philosophische und psychologische Fragen sprach, doch was hatte er zu sagen, als er nach Europa kam? »Jeder sehnt sich nach Glück und möchte frei sein von Leid.« Er kam am Flughafen an und verkündete, dass sich jeder nach Glück sehnt und frei sein will von Leid. Er gab eine

Pressekonferenz in der Stadt und verkündete, dass sich jeder nach Glück sehnt und frei sein will von Leid. In einer Stadt nach der anderen. Ich dachte: »Stimmt etwas nicht mit ihm?« Ich fragte mich sogar, ob diese Aussage überhaupt einen Sinn hat. Aber *sie hat einen Sinn!* Denn sobald man begreift, wie ähnlich einem die anderen sind, führt das zu einer anderen Perspektive, einer überraschend anderen Weltsicht. Wird diese Sicht verinnerlicht, gibt es keinen unüberwindbaren Abgrund mehr zwischen sich und den anderen, sondern man begegnet ihnen wie Bekannten. Man bekommt das Gefühl, sein Gegenüber zu verstehen. Tatsächlich erhält man langsam den Eindruck, jeden zu kennen.

Für mich war es von großem Vorteil, dass der Dalai Lama in den zehn Jahren, in denen ich ihn als persönlicher Englisch-Dolmetscher auf seinen Reisen begleitete, gewöhnlich den ersten Teil seiner Rede auf Englisch hielt, sodass ich seine Botschaft immer und immer wieder hören konnte. Obwohl ich es tausend Male hörte: »Jeder sehnt sich nach Glück und will frei sein von Leid«, langweilte es mich nicht, sondern spornte mich in meinem Entschluss an: »O ja, diese Einstellung muss ich verinnerlichen.« Ich begriff, dass ich diese Einstellung im ganz normalen Alltag persönlich umsetzen musste. Wenn Sie Kopfweh haben und es lossein wollen, halten Sie sich einmal vor Augen, dass dies jedem so ergeht. Es gibt niemanden, der sich absichtlich mehr Kopfweh wünscht.

Meditation: Sich jedermann in Gleichmut verbunden fühlen

Zu unserem gewohnten Verhalten gehört, dass wir uns bisweilen freuen, wenn wir jemanden leiden sehen: »Das hat er verdient!« Wenn man sich zur Entfaltung von Mitgefühl entschlossen hat und solche Reaktionen ändern will, muss man wissen, *wie*. Geht es einem Freund schlecht, tut uns das natürlich Leid, bei einem Feind freut uns das jedoch. Bei neutralen Personen ist es uns gleich. Liest man in der Zeitung, dass ein Unbekannter im Krankenhaus gestorben ist, hat man das beim nächsten Artikel schon wieder vergessen. Zur Entfaltung großen Mitgefühls und um mit jedem Wesen gleichermaßen mitzufühlen, muss man sich *allen* Wesen verbunden fühlen – müssen sie einem so lieb und teuer sein wie der beste Freund.

Der erste Schritt dazu ist, zu erkennen, dass alle Wesen gewisse Gemeinsamkeiten haben. In der Großstadt meint man nicht selten, nicht einmal seine Nachbarn zu kennen, aber man kennt sie recht gut: Sie suchen ihr Glück und wollen frei sein von Leid. Die Bewusstmachung dieser Gemeinsamkeit ist nicht oberflächlich, nicht dasselbe, als wenn man sich sagt: Jeder hat Haare in der Nase. Natürlich ist das auch eine Gemeinsamkeit, jeder *hat* Haare in der Nase, aber diese Tatsache ist nicht sehr wesentlich. Sie mag eine gewisse Bedeutung haben, aber sie ist nicht so wichtig wie die Tatsache, dass wir alle unser Glück suchen und frei sein wollen von Leid. Wer sich eingehend mit dieser Tatsache befasst, wird sich anderen Menschen gegenüber anders verhalten.

Der erste Schritt zur Entfaltung von Mitgefühl besteht also einfach darin, dass man über seinen Bekanntenkreis nachdenkt, zuerst über Freunde, dann über neutrale Personen und schließlich über Feinde. **Stellen Sie in der Meditation folgende Betrachtung an: »Genauso wie ich mich nach Glück sehne und frei sein will von Leid, so ersehnt auch diese Person Glück und will frei sein von Leid.«** Diese vorbereitende Meditation wird die Einübung von Gleichmut oder Gleichgesinntheit genannt, weil dabei der Grundsatz der Gleichheit zum Ausgangspunkt aller zwischenmenschlichen Beziehungen gemacht wird, die tief greifende Einsicht, dass jeder gleichermaßen Glück erlangen und Leid vermeiden will.

Wichtig ist, die Gleichheit zwischen sich und anderen wirklich zu erfahren. Es genügt nicht, vor sich hin zu sagen: »Genauso wie ich mich nach Glück sehne und frei sein will von Leid, so ersehnt auch diese Person Glück und will frei sein von Leid.« Das ginge am Wesentlichen vorbei, nämlich dass man die Gleichheit zwischen sich und dieser Person und einer anderen und wieder einer anderen und noch einer anderen wirklich empfindet.

Spüren Sie also zunächst dem ersten Teil der Aussage nach: »Genauso wie ich mich nach Glück sehne«. Dann dem zweiten Teil: »und frei sein will von Leid.« Und dann dehnen Sie dieses Nachspüren auf jemand anderen aus: »so ersehnt auch diese Person Glück und will frei sein von Leid.« Durch dieses gefühlsmäßige Erfassen wird Ihnen die primäre Gefühlsbezogenheit der anderen zu Bewusstsein kommen und damit auch deren Gleichheit mit Ihnen. Die Wahrnehmung dieser prinzipiellen Gleichheit ist entscheidend. Sie bedeutet nicht, dass alle Unterschiede verschwinden, doch führt sie einen Wandel in Ihrem Leben herbei.

Mit einer großen Geste allein ist es allerdings nicht getan, weil sie sofort wieder in Vergessenheit gerät, sobald einem jemand in die Quere kommt. Dann endet man leicht im Gedanken: »Mögen alle Wesen glücklich sein; genauso wie ich Glück ersehne und frei sein will von Leid, so sehnen sich *alle* Wesen nach Glück und wollen frei sein von Leid – aber du, geh mir bloß aus dem Weg!«

Deshalb muss man konkret über einzelne Personen nachdenken. Die Meditation bleibt zu vage, wenn man sich lediglich vorstellt, »jeder« sei für einen irgendwann im Laufe des Lebens einmal eine neutrale Person, ein Freund und auch ein Feind gewesen. Wenn dann nämlich ein ganz bestimmter Mensch unfreundlich zu einem ist, ist das plötzlich etwas anderes. Vielleicht hilft diese Meditation ein wenig weiter, aber in konkreten Situationen versagt sie. Fangen Sie also mit leichteren Fällen an – mit Freunden und neutralen Personen – und gehen Sie dann zu den schwierigeren über: kleineren Feinden und so weiter. Sie müssen sich in der Meditation wirklich so weit in das Leid der anderen hineinversetzen, dass es Sie berührt.

Das dauert natürlich. Und man braucht Sinn für Humor, muss sich über sich selbst amüsieren können, wenn man sieht, wie schwer einem die Anerkennung dieses einfachen Grundsatzes fällt. »Genauso wie ich Glück ersehne und frei sein will von Leid, so sehnt sich auch meine Nachbarin im Flugzeug – die mich dauernd am Schlafen hindert! – nach Glück und will frei sein von Leid.« Gehen Sie alle Menschen im Flugzeug durch, einen nach dem anderen: »Der Pilot sehnt sich nach Glück und will frei sein von Leid ...« Denken Sie an Menschen im Berufsleben, die Sie im Grunde nicht kennen, an die Helferin in der Apotheke – es ist erschütternd, sich ihre Menschlichkeit bewusst zu machen –, die Apothekenhelferin hinter der Ladentheke, mit der Sie einige Male kurz zu tun hatten und von der Sie sonst nichts wissen: »Sie sehnt sich nach Glück und will frei sein von Leid …« Dieser einfache Gedanke kann erstaunliche Erkenntnisse bewirken.

Oft wird empfohlen, bei dieser Übung mit neutralen Personen anzufangen und dann erst zu Freunden überzugehen, weil man sich diesen gegenüber leichter in Gedanken verliert. Doch um sich der Gleichheit zwischen sich und anderen bewusst zu werden und ein Gefühl für diese Gleichheit zu entwickeln, ist es leichter, mit den Freunden zu beginnen, weil man ihnen ohne weiteres den Wunsch zugesteht, glücklich und frei von Leid zu sein. Wenn Sie Ihre Freunde der Reihe nach durchgehen, werden Sie feststellen, dass Sie an ihrem Wohl nicht immer gleich stark interessiert sind.

Sobald Sie diese Haltung einmal regelmäßig üben, kann das zu immer größeren Überraschungen führen, selbst neutralen Personen gegenüber: »Unglaublich! Alle diese neutralen Personen sehnen sich nach Glück und wollen frei sein von Leid? All die Menschen hier auf der Straße?« Meditieren Sie darüber, egal wo Sie sind. Alle Menschen, diese hier und jener dort, sie alle sehnen sich nach Glück. Die ständige Wiederholung des Satzes ist nicht einfach, denn man vergisst leicht, dem Sinn der Worte nachzuspüren, und verfällt in ein rein mechanisches Herunterleiern der Silben. Wiederholen Sie trotzdem stets die ganze Aussage: »Genauso wie ich Glück ersehne und frei sein will von Leid, so ersehnt Franziska Glück und will frei sein von Leid. Und ebenso ersehnt mein Nachbar Frank Glück und will frei sein von Leid.« Und so weiter.

Scheuen Sie nicht davor zurück, Fremde einzubeziehen. »Dieser Sportler an dem Fitnessgerät neben mir sehnt sich nach Glück und will frei sein von Leid.« Interessant! »Der Typ, der in der Turnhalle zum Fenster hinausschaut, sehnt sich nach Glück und will frei sein von Leid.« Und auch der Mitarbeiter am Eingang, der unsere Mitgliedskarte sehen will, wenn wir ins Fitnesscenter kommen, sehnt sich nach Glück und will frei sein von Leid. Das ständig neue Erstaunen, das diese Meditationsübung bewirkt, verändert uns. Die Übung lässt uns die Welt in einem ganz anderen Licht sehen, ist mehr als nur ein Gemeinplatz.

Als ich vor vielen Jahren in Pennsylvania einen Vortrag hielt, fragte mich eine Frau: »Warum machen Sie so viel Worte um das Mitgefühl? Es genügt doch, einfach man selbst zu sein.« Ich antwortete: »Das mag ja auf Sie zutreffen. Vielleicht sind Sie ja von selbst voller Mitgefühl, aber ich für meinen Teil würde ohne mein bewusstes Bemühen um Mitgefühl vor allem für mich selbst sorgen. Auch auf Kosten anderer. Ich brauche eine Technik, um mein Verhalten zu ändern.«

Wenn Sie sich ganz konkret zunächst Freunden und dann neutralen Personen gegenüber im Gleichmut geübt haben, dann erst dehnen Sie die Übung auf Feinde aus: auf diejenigen, die Ihnen geschadet, Ihnen jetzt schaden oder Ihnen und Ihren Freunden schaden werden. Fangen Sie nicht mit den ärgsten Feinden an; beginnen Sie mit den unbedeutendsten. »Genauso wie ich Glück ersehne und frei sein will von Leid, so ersehnt der Soundso, dieser Mistkerl, Glück und will frei sein von Leid.« Nein, nein, nein, nein, nein! Halten Sie nicht an Ihrem Widerwillen fest. Lösen Sie sich davon.

Wenn die Regierung eines Landes jemanden vernichten möchte, dann macht sie diesen Jemand, Saddam Hussein etwa, zunächst völlig schlecht. Sie entmenschlicht ihn, spricht ihm jede Form von Würde ab. Auf diese Weise findet man es vollkommen okay, dass Bomben auf ihn abgeworfen werden. Dieser Jemand ist kein wirklicher Mensch; er ist nicht so wie ich. Ihm darf alles angetan werden. Aber wenn man die Übung lange genug durchgeführt hat, so dass man sich nicht mehr so leicht umstimmen lässt, erkennt man die Unvernunft daran, obwohl solche Gedanken auftauchen können. Wenn dieser Jemand, dieser Mistkerl, Kopfschmerzen hat, dann will er sie doch sicherlich loswerden, richtig? Aber ja. Genauso wie ich mich nach Glück sehne und frei sein will von Leid, sehnt auch er sich nach Glück und will frei sein von Leid.

Wir sind an Eigenliebe gewöhnt, daran, uns auf uns selbst und unser Benehmen viel zugute zu halten. Wir benehmen uns so, wie wir es gewohnt sind, und wir sind es nicht gewohnt, von anderen Menschen zu denken, dass sie sich nach Glück sehnen und frei sein wollen von Leid. Es wird häufig Situationen geben, in denen Sie nur schwer den Gleichmut bewahren können, etwa wenn jemand Ihnen Vorwürfe macht – »Du bist schuld! Ohne dich wäre alles glatt gelaufen.« Oft verlässt uns der Gleichmut, weil die betreffende Person so rechthaberisch ist.

Aber Gleichmut bedeutet nicht, dass man die *Methoden* gut heißt, mit denen andere ihr Glück erreichen wollen. Ganz im Gegenteil: Sie werden solche Methoden immer besser durchschauen können. Die Rechthaberei des anderen ist erbärmlich, nicht wahr? Die Menschen haben verschiedene Auffassungen vom Glück und dem Weg dorthin. Sie greifen zu allen möglichen Tricks, und oft sind diese ziemlich dumm. Bezüglich seiner Rechthaberei mag der Betreffende keine Ähnlichkeit mit Ihnen haben, aber in einer ganz wichtigen Hinsicht *gleicht* er Ihnen: Er sehnt sich nach Glück und will frei sein von Leid. Dass jemand blind ist bei der Verfolgung dieses Ziels, sollte eher Mitgefühl in Ihnen erregen als einen Grund darstellen, die Person abzulehnen.

Wie schade, dass sie ihrem Ziel, ohne es zu wissen, derartig zuwiderhandelt! Sie sehnt sich nach Glück und will frei sein von Leid; sie verursacht durch ihr Verhalten aber weiteres Leid. Ist das nicht traurig? Die Vehemenz, mit der jemand blind an der Verfolgung seines Ziels festhält, liefert umso mehr Grund zum Mitgefühl. Das ist leicht gesagt, nicht wahr?

Auch wenn wir denken, der Soundso ist ein echter Trottel, müssen wir unsere Gleichheit erkennen und uns in Gleichmut üben. Wenn man sieht, wie die Umwelt zerstört oder wie viel Mist hergestellt wird, ist das bestürzend, doch kann der Schock noch größer sein, wenn man sich diese prinzipielle Gleichheit in Erinnerung ruft. Denken Sie an die Politik, über die wir so leicht schimpfen. Wer ist Ihnen der Verhassteste? Wer gehört zu Ihren schlimmsten Feinden? Wie steht es mit den Drogensüchtigen und den Dealern, die die Jugendlichen verführen? Wenn Gleichmut geübt wird, dürfen diese Personen nicht als Abschaum der Gesellschaft abgestempelt werden. Ohne die Perspektive des Gleichmuts sind wir jedoch geneigt, gerade das zu tun. Wenn wir sie als Abschaum bezeichnen, dann schert uns nicht, was mit ihnen geschieht: Wir spenden nichts für saubere Nadeln oder andere Hilfsprogramme für Drogensüchtige, weil sie Untermenschen sind und für uns nicht zur Menschheit zählen. Doch bedenken Sie: Genauso wie Sie Glück ersehnen und frei sein wollen von Leid, so tun dies auch diese Menschen, die ihre eigene Vorstellung vom Glück haben. Solche Personengruppen sind für den Anfang zu schwierig – man dürfte es schaffen, an Gleichheit zu denken, aber sie nicht fühlen. Erst wenn Sie Ihren Freunden und neutralen Personen gegenüber Gleichmut geübt und die Empfindung der Gleichheit mit ihnen deutlich gespürt haben, *dann* können Sie daran gehen, kleineren und schließlich großen Feinden gegenüber das Gefühl der Verbundenheit zu entfalten.

Gleichmut – die Anerkennung, dass alle gleichermaßen ihr Heil suchen und Leid loswerden wollen – ist die Grundlage der Liebe, des Mitgefühls und der Güte. Bei der Gleichmutsübung und auch bei den folgenden Übungen geht es um unser Gefühl – das Herz – und nicht um abstrakte Prinzipien. Ebenso wenig geht es um etwas, das »der Buddha gesagt hat«. Der Ausgangspunkt ist unser normales Befinden. Es entspricht unserer ureigenen Natur, dass wir uns wohl fühlen wollen und Schmerzen vermeiden wollen; es bedarf keiner weiteren Begründung. Es mag sich wie ein abstraktes Prinzip anhören, aber es ist so: Wir richten unser ganzes Tun und Lassen an unserer Suche nach Glück und der Vermeidung von Leid aus.

Aus buddhistischer Sicht gibt es niemanden außerhalb von uns, auch kein höheres Wesen, das uns so geschaffen hat, dass wir glücklich sein und keine Schmerzen haben wollen – es entspricht einfach unserer Natur. Das Feuer brennt und ist heiß, das ist so. Wer ließ es so ein? Es ist einfach so. Das nennt man die Logik der Natur. So ist einfach das Wesen der Dinge. Dass wir nach Glück und Freiheit von Leid verlangen, entspricht unserem Wesen, und deshalb lehrt der Buddhismus auch nicht, dass wir das Streben nach Glück aufgeben sollen, sondern er rät uns lediglich, klüger dabei vorzugehen.

Kapitel 3

Motivation

Sich vor dem Üben richtig motivieren

Es gehört zu den festen Bestandteilen tibetischer Zeremonien und Belehrungen, sich zu Beginn richtig zu motivieren. Denn die Erfahrung zeigt, dass die Motivation nicht so stark ist, wie sie sein könnte. Sie ist höchstwahrscheinlich zwar nicht destruktiv, etwa von Begierde oder Wut gesteuert, nur einfach schwach. Verdienstvolle Handlungen, wie die Teilnahme an einer religiösen Zeremonie oder die Durchführung einer Meditation, sollten jedoch sittlich motiviert und idealerweise dem Wohl aller Menschen gewidmet sein. Vor dem Meditationsbeginn – ob auf einem Kissen, einem Stuhl oder im Gehen – wird sich Ihr Denken wahrscheinlich in einem engen Rahmen bewegt haben, und deshalb müssen Sie sich erst richtig motivieren und das Verdienst der Meditation, egal um welche Übung es sich handelt, dem Wohl aller Wesen widmen.

Es wirkt Wunder, wenn Sie vor der Meditation Ihre Motivation auf so viele Einzelwesen ausdehnen, wie Sie sich nur vorstellen können, weil dann die Übung nicht nur mit einem kleinen Wesen, Ihnen selbst, verbunden ist, sondern mit vielen, vielen anderen. Je mehr Sie einbeziehen, umso wirksamer wird sie. Doch dauert es, bis es einem gelingt, zu Beginn der Meditation andere Wesen in den Wert des eigenen Tuns einzubeziehen, ihnen aufrichtig das eigene Verdienst mit zukommen zu lassen. **Denken Sie zu Beginn der Meditation also zunächst an eine Person, zu der Sie innerlich sagen: »Ich beginne diese Meditationsübung um deinetwillen.«** Sobald Sie diese Motivation von ganzem Herzen spüren, wiederholen Sie sie einer anderen Person gegenüber. Denken Sie auf diese Weise zu Beginn jeder Meditation an mindestens zehn Personen, und erweitern Sie dann Ihren Aktionsradius allmählich.

Beginnen Sie mit Menschen in Ihrer Nähe. Verallgemeinern Sie Ihre altruistische Absicht nicht so weit, dass sie keine Bedeutung mehr hat. Erweitern Sie sie schrittweise auf Ihre Stadt, dann auf Ihr Land, auf Europa, auf Afrika, Amerika, Australien, China, Tibet, den Nahen Osten und so weiter. Sollte Ihre Intensität nachlassen, gehen Sie zurück und widmen Sie das Verdienst wieder einer kleineren Gruppe, einigen wenigen und fügen Sie dann hinzu: »sowie allen anderen«. Wenn der Bezugsrahmen »alle Wesen« ist und man sich dabei nicht viele *einzelne* Wesen vorstellt, bleibt die Absicht zu allgemein, und die Meditation hat wenig Erfolg. Kommt Ihnen jemand in den Sinn, sollten Sie diesen Menschen unmittelbar in Ihre mitfühlende Absicht einbeziehen. Erst so ist es möglich, das altruistische Anliegen auf Gruppen auszudehnen und ihnen eine meditative Übung zu widmen. Erst dadurch, dass Sie sich vielen Menschen im Einzelnen und in Gruppen gegenüber selbstlos erweisen, gewinnt das Wort »alle« an konkreter Bedeutung. Andernfalls meint man mit »alle« eigentlich »niemand«, sodass man Einzelne, die einem gerade in den Sinn kommen, nicht unter »alle Wesen« einordnet, was man natürlich tun sollte.

Dann führt man sich vor Augen, dass die Meditation – egal welche Kraft man ihr zuschreibt – der ganzen Welt nützen soll, ob man nun allein, zusammen mit jemand anderem oder einer größeren Gruppe meditiert. Die Vorstellung, dass eine individuell durchgeführte meditative Übung den gesamten Kosmos betrifft, spornt enorm an, sodass, selbst wenn die Übung keine große Einsicht herbeiführt, sie durch die anfängliche Motivation Entscheidendes bewirkt. Es ist eine Erfolgsgarantie.

Das Verdienst einer Übung abschließend widmen

Es ist wichtig, dass man auch am Ende das Verdienst einer meditativen Übung dem Wohl aller Wesen widmet. **Denken Sie zum Schluss Ihrer Übung zunächst an einzelne Personen: »Möge alles Verdienst dieser Übung dem Wohl dieses Wesens und jenes Wesens dienen …«** Vergegenwärtigen Sie sich die Menschen und Tiere in Ihrer Nähe. Widmet man das Verdienst einer kleinen heilsamen Handlung vielen Wesen, wird diese sehr viel effektiver. Es wirkt nahezu Wunder, wenn man sich vorstellt, dass man durch die Vergegenwärtigung ihres Wunsches nach Glück und Freiheit von Leid etwas für ebendiese Wesen getan hat. Wie bei der Motivationserklärung zu Beginn der Meditation können später größere Gruppen und Gemeinschaften einbezogen werden.

Beginnen Sie mit den Wesen, die unmittelbar mit Ihnen im Raum oder in Ihrer Nähe sind. Wenn ich in einer Gruppe meditiere, widme ich das Verdienst der Meditation – jene unfassbare transformative Kraft – den Personen in dieser Gruppe.

»Möge dies zu eurem Wohl beitragen.« Und dann Wesen in der Umgebung. Gestalten Sie die Widmung nicht zu vage, indem Sie gleich »jeder« sagen, weil Ihnen diese Vorstellung entgleitet. Widmen Sie das Verdienst den Mitgliedern der Meditationsgruppe, und schließen Sie auf jeden Fall die Personen und Wesen ein, an die Sie während der Meditation gedacht haben.

Bei der Verdienstwidmung ist es so, als hätte man tausend Dollar, die jeweils vollständig als ganze Summe an die erinnerten Personen vergeben werden. Die tausend Dollar werden also nicht aufgeteilt, sondern vervielfachen sich. Und noch mehr vervielfacht sich die positive Kraft einer Meditation – die wesentlich mehr zu meinem Wohl und dem der anderen beitragen kann als Geld. Was bringt uns Glück? Was bringt uns Wohlergehen? Was führte zu diesem gegenwärtigen Leben? Man kann den anderen nichts Besseres tun, als ihnen *diese* unfassbare Wirkkraft zu widmen.

Widmet man sein Meditationsverdienst vielen Wesen, vervielfacht sich seine Kraft, die ohne eine solche Haltung nur mit einer Person verknüpft geblieben wäre. Wird sie hingegen, sagen wir, zehn Personen gewidmet, vermehrt sie sich auf das Zehnfache. Ihre Großzügigkeit erweist sich also als ein Vorteil für Sie. Natürlich hat eine solche Großzügigkeit einen Einfluss auf Ihr Verhalten anderen gegenüber. Aber noch wichtiger ist, dass es den anderen auf geistiger Ebene direkt nützt. Obwohl Meditationen oft allein durchgeführt werden, können sie also etwas sehr Soziales sein.

Nagarjuna, ein großer indischer Yogameister, der etwa 600 Jahre nach Buddha lebte, argumentiert, da die Erleuchtung nie aufhöre, müsse es auch unendlich viele Erleuchtungsursachen geben. Er sagt, man brauche sich keine Gedanken wegen der Ansammlung dieser endlosen Ursachen zu machen, da sich jede verdienstvolle Handlung mit allen Wesen verknüpfen lasse. In seinem Werk *Ratnāvali* spricht er über die Bodhisattvas – jene Wesen, die auf altruistische Weise nach Erleuchtung streben – und sagt:

Habt kein Sorge, dass ihr für eure Erleuchtung
zu wenig Verdienst ansammelt, denn
logisches Denken und die Schriften
machen euch Mut.

Genauso wie der Weltraum und
Erde, Wasser, Feuer und Luft
in jeder Hinsicht unendlich sind,
sind das auch die leidenden Wesen.

Die Bodhisattvas sind durch ihr Mitgefühl
entschlossen, diese unendlich vielen
fühlenden Wesen aus dem Leid
heraus zur Buddhaschaft zu führen.

Deshalb, ob sie nun schlafen oder wach sind,
sammeln jene – die nach reiflicher Überlegung
fest bei ihrem Entschluss des Mitgefühls
bleiben – grenzenloses Verdienst an.

Auch wenn sie nicht makellos sind –
eben weil es unendlich viele fühlenden Wesen gibt.
Wisst also, dass wegen der grenzenlosen Ursachen
grenzenlose Buddhaschaft gar nicht schwer zu erreichen ist.

Bodhisattvas bleiben unendlich lange in der Welt;
sie leiten unendlich viele verkörperte Wesen
zu unendlich vielen Erleuchtungen an
und führen unendlich viele tugendsame Handlungen aus.

Da die Erleuchtung grenzenlos ist,
wie sollten sie sie durch diese
vier unendlichen Sammlungen
nicht ohne lange Umschweife erreichen?

Man erreicht mit seiner Übung wesentlich mehr, wenn man vorher seine Motivation stärkt. Und die abschließende Widmung der Übung sichert ihre Wirkung.

Kapitel 4

Die Sterblichkeit erkennen

Um Mitgefühl zu entwickeln, muss man erkennen und fühlen, wie unsicher auch das Leben der anderen ist, wie sehr sie alle, ganz gleich wer, vom Leid bedrängt werden. Und um das zu erkennen, muss man zuerst die Unsicherheit seines eigenen Lebens erkennen – und sich dem eigenen Leid stellen. Unser fundamentales Leid ist der Tod; seine Bewusstmachung rückt alles an seinen Platz.

Meditation: Der Tod ist unausweichlich, doch der Zeitpunkt ist unsicher

Sicher ist, dass man eines Tages sterben muss, und alles, was man von diesem Leben ins nächste mitnehmen kann, sind die geistigen Anlagen. Alles andere nützt zum Zeitpunkt des Todes wenig. Ich kann weder mein schönes Haus in Virginia mitnehmen noch mein Geld, noch irgendwelchen anderen Besitz, auch keine Freunde. Nicht einmal meinen Körper. An diesem Punkt werde ich meinen Körper ablegen, oder – anders gesehen – er wird sich meiner entledigen. Er, um den man sich so reichlich gekümmert hat, als würde er mindestens tausend Jahre alt, wirft einen hinaus.

Dass wir sterben müssen, ist gewiss, doch *wann* das der Fall sein wird, ist ungewiss. Man kann jederzeit sterben –

Junge können vor den Alten, Gesunde vor den Kranken sterben. Laut den Sterbetafeln der Versicherungen erreichen Männer durchschnittlich dieses Alter und Frauen jenes, aber die Zahlen besagen für den Einzelnen wenig. Wenn man nächste Woche stirbt, wird man hundertprozentig tot sein; es gibt keine soundsoviel Prozent Gewähr, dass man noch 78 Jahre alt wird. Sollten Sie heute bei einem Unfall ums Leben kommen, betrifft Sie das hundertprozentig.

Damit man die Zeit, die einem bleibt, schätzen lernt, ist es wichtig, sich die Unumgänglichkeit des Todes und die Ungewissheit seines Eintritts vor Augen zu halten. **Meditieren Sie folgendermaßen: »Ich werde – wie jeder andere Mensch auch – eines Tages sterben müssen, doch ist dieser Tag ungewiss. Es könnte jeden Augenblick sein!«** Dadurch wird die Gegenwart aufgewertet, jeder Augenblick wird kostbar.

Meditation: Die Kostbarkeit des Augenblicks nützen

Da man den Körper und allen Besitz schließlich doch zurücklassen muss, gebührt dem Bewusstsein größeres Interesse. Unsere inneren Anlagen sind die entscheidenden Hilfen und Hindernisse. »Karma« setzt sich im Grunde aus zwei Faktoren zusammen: einmal aus Handlung – das heißt aus dem, was man körperlich, verbal und geistig tut – und zum anderen aus den inneren Anlagen, die durch diese Handlungen im Geist entstehen. Sie gleichen Zukunftsprägungen oder -entwürfen, die bestimmte Haltungen und Situationen vorgeben. »Gutes Karma« meint also entweder die guten Taten selbst oder die günstigen Anlagen, die durch diese Taten geschaffen werden. Das Karma ist entscheidend für das spätere Leben.

Geradeso wie das Karma die Gegenwart geschaffen hat, wird es auch die Zukunft gestalten. Es gibt ein bekanntes tibetisches Sprichwort: »Wenn du wissen möchtest, was du in der Vergangenheit getan hast, schau auf deinen Körper und deine gegenwärtige Situation, denn sie beruhen auf vergangenen Taten. Wenn du wissen möchtest, wie deine Zukunft aussieht, schau dir deine jetzigen Gedanken an.« Es heißt, jedes Befinden, ob lustvoll oder schmerzhaft, sei karmisch bedingt, also das Ergebnis unserer früheren Taten. Wie gering der Schmerz oder die Lust auch sei, sie rühren von früherem Karma her. Dies zeigen schon ganz alltägliche Situationen, etwa wenn Menschen auf das Wetter unterschiedlich reagieren.

Dass die Gegenwart derart von unseren vergangenen Taten bestimmt ist, erscheint deterministisch, aber andererseits besagt Karma ja »Handeln«, was bedeutet, dass wir unsere Zukunft durch unsere jetzige Motivation gestalten können. Karma hat also mehr mit dem freien Willen als mit Vorherbestimmung zu tun. Tatsächlich verfügen die Menschen laut buddhistischer Lehre über mehr freien Willen als andere Wesen. Tiere, zum Beispiel, sammeln weniger Karma an als Menschen, denn sie können nicht absichtsvoll handeln wie wir. Die Karmalehre appelliert also an unsere Eigenverantwortlichkeit: Wir haben die Zukunft selbst in der Hand, und niemand außer uns und unsere vergangenen Taten hat uns an den Punkt gebracht, an dem wir jetzt stehen.

Unser heutiger Zustand hängt nicht hauptsächlich vom Gesellschaftssystem ab, sondern von unseren vergangenen Taten. Der Buddhismus unterscheidet sich in dieser Hinsicht sehr von modernen Ansichten, die die Gesellschaft hauptverantwortlich machen. Dann heißt es gewöhnlich: »Ein paar gesellschaftliche Veränderungen, und alles wäre in Ordnung.« Die Beseitigung sozialer Missstände ist wichtig, doch sind wir auch selbst an unserem Unglück schuld. Der Buddhismus betont den Einfluss unserer vergangenen Taten also, nicht um uns – durch ein Herunterspielen unserer Willenskraft – die Initiative zu rauben, sondern um zu zeigen, wie viel Gewicht unsere Taten haben, weil sie die Zukunft gestalten. Die Karmalehre negiert nicht den Leistungswillen; sie appelliert an ihn. Wir allein sind unseres Glückes Schmied.

Wenn Sie also das Gefühl haben, weniger intelligent zu sein als andere, resignieren Sie nicht, lernen Sie einfach dazu. Scheuen Sie sich nicht, Fragen zu stellen, und schlagen Sie Dinge im Lexikon nach. Zünden Sie für einen Weisheitsgott Kerzen oder Butterlampen an, zum Beispiel für Manjushri, der die Weisheit aller Buddhas verkörpert, oder rezitieren Sie das Mantra von Manjushri, *om a ra pa ja na dhi,* in zahlreichen Wiederholungen und beenden Sie die Rezitation mit so vielen *dhi, dhi, dhi, dhi, dhi, dhi, dhi, dhi, dhi* wie möglich.

Solange Sie leben, können Sie etwas zur Verbesserung Ihrer Lage tun. Wer kann mit Sicherheit sagen, dass die Alten vor den Jungen sterben oder die Kranken vor den Gesunden? Ich besuchte einmal mit zwei anderen Professoren einen sehr reichen, betagten Professor, der bettlägerig war. Er hatte Gicht, Ganglienkrebs, Diabetes und Herzbeschwerden. Wir wollten ihn um eine Spende für unser universitäres Südasieninstitut Studies bitten, aber als wir in sein Schlafzimmer kamen und ihn so erbärmlich in einem Krankenhausbett liegen sahen, wünschten wir nur gute Besserung und gingen wieder. Draußen auf der Straße musste ich an die Lehre denken und sagte: »Wir wissen nicht, wer zuerst sterben wird – er oder einer von uns.« Meine Kollegen waren erstaunt, und wie sich herausstellte, starb der jüngere Bruder des einen Professors noch vor dem von Krankheit schwer gezeichneten alten Professor.

Führen Sie folgende Meditation durch: »Da ich einmal sicher sterben werde, aber nicht weiß, wann, muss ich die kostbare Gelegenheit dieses Menschenlebens jetzt nutzen.« Man muss diese seltene Gelegenheit nutzen und gutes Karma ansammeln. Ausschlaggebend sind dabei unsere Taten und nicht Geld oder Status.

Es ist nicht so, dass sich alle diese vielen Karmas im Geist vermischen; sie bleiben unterschieden, obwohl sich viele gleichzeitig manifestieren können, wie verschiedene Farben in einem Bild. Einige sind gegenwärtig aktiviert, andere nicht. Der eigene Wille, das eigene Verlangen hat sehr viel damit zu tun, welche Karmas aktiviert werden und welche nicht.

Denken Sie an Ihre Wiedergeburten im Daseinskreislauf, wie oft Sie unter ganz verschiedenen Umständen auf die Welt kamen, alt und krank wurden und wieder starben. Es gibt kein Karma, keine Tat, die Sie nicht schon irgendwann einmal (bewusst oder unbewusst) vollbracht haben. Daraus resultieren all die Anlagen und Neigungen im Geist.

Eine Form des Karmas äußert sich als ursächliche Entsprechung: Das, was man jetzt tut, entspricht dem, was man getan hat; die vergangenen Taten haben einen so geprägt, dass man sie jetzt fortsetzt, sie bilden eine Gewohnheit.

Eine andere karmische Auswirkung ist, dass einem das, was man jemand anderem angetan hat, jetzt selbst widerfährt. Man hat getötet und wird nun selbst umgebracht. Man hat jemandem Schaden zugefügt und erleidet nun selbst

Schaden. Viele Eheprobleme beruhen auf dieser Form von Karma, in der man sich immer wieder in Situationen bringt, in denen man sich gegenseitig verletzen kann. Und dasselbe gilt für Kinder; Kinder können ihre Eltern ja sehr leicht verletzen. Weil man diese Person in der Vergangenheit verletzt hat, ist nun sie in der Situation eines Kindes, das einen leicht verletzen kann. Es ist erschreckend; so betrachtet, ist dieser Daseinskreislauf gar nicht erfreulich.

Eine dritte Form von karmischer Auswirkung wird Umweltkarma genannt, weil es einen in Gegenden treibt, die den eigenen Handlungen entsprechen – wenn man etwa Zwietracht sät und dann in einer steinigen, trockenen Gegend geboren wird, wo nichts gedeiht.

Als vierte Form gibt es schließlich noch den so genannten Erfüllungseffekt, durch den etwas ganz Neues ins Leben gerufen wird. Für diejenigen, die nicht an die Möglichkeit der Wiedergeburt glauben, könnte man es auch eine lebensverändernde Erfahrung nennen.

Das sind die vier Arten, in denen unser Tun auf unser zukünftiges Erleben zurückfällt. Dass dabei Täter und Opfer die Rollen wechseln können, zeigt, dass auf einer tieferen Ebene »ich« und »andere« nicht so viel bedeutet, wie man oft meint. Den Identitätswechsel zwischen »ich« und »anderen« kennen wir zum Beispiel auch aus Träumen. Wir werden manchmal von Wesen verfolgt, die unsere eigenen hässlichen Gedanken verkörpern. Unsere eigenen Taten bedingen unser zukünftiges Sein und das, was in der Zukunft von außen auf uns zukommt. Wir müssen deshalb sehr auf unser Tun achten. Und da unsere Absichten die Samen des Karmas sind, müssen wir vor allem auf das achten, was wir in Gedanken tun.

Als der Dalai Lama in London erstmals in der großartigen Westminster-Kathedrale sprach, einem architektonischen Wunderwerk aus dem 13. Jahrhundert, sagte er als Erstes auf Tibetisch: »Ich bin an Gebäuden wenig interessiert.« Ich war fassungslos und fragte mich, ob es denn diplomatisch sei, seine Rede so zu beginnen. Beklommen übersetzte ich, was er gesagt hatte; dann fügte er hinzu: »Mich interessiert, was in Ihren Köpfen passiert.« Ich konnte im Auditorium keine Reaktion feststellen, aber ich hoffte, dass sie, so wie ich, seine Offenheit, Ungezwungenheit und Herzensgüte sofort zu schätzen wussten.

Ein anderes Mal besuchte er ein reich ausgestattetes buddhistisches Kloster in Amerika. Wir, seine Begleiter, waren selbst noch von den massiven Eichentüren beeindruckt. Als jemand anmerkte, wie wunderschön das Kloster sei, fragte der Dalai Lama ruhig: »Taugt hier die Ausbildung etwas?«

Meditation: Durch Gleichmut und Reue den Kreislauf unheilsamer Taten unterbrechen

Hält man sich den Tod vor Augen, verlagert sich das Interesse von außen nach innen. Sobald man weiß, dass die eigenen Taten die Zukunft gestalten, möchte man die Auswirkungen früheren negativen Karmas natürlich abmildern. Und schließlich sucht man dem Zyklus ganz zu entkommen. Ein Buddhist möchte weder negativem noch positivem Karma ausgeliefert sein und doch weiterhin für das Wohl der anderen sorgen. Aber zunächst muss man gutes Karma ansammeln, damit man die negativen Gewohnheiten überwinden und die bereits im Geist verankerten positiven Kräfte nützen kann.

Wie durchbrechen wir den Kreislauf? Gleichmut und Reue sind hier wichtige Werkzeuge; sie sind starke karmische Kräfte. Denn dadurch, dass man Gleichmut übt und seine selbstsüchtigen Taten bereut, mit denen man anderen geschadet hat, ergibt man sich nicht mehr der unheilsamen Neigung, sich für die wichtigste Person zu halten bzw. für die einzige, die wirklich fühlt, während die anderen bloße Objekte zur eigenen Glückssteigerung oder Leidensminderung sind. Man unterbricht diesen Kreislauf – indem man andere gleichfalls als *empfindende Wesen* anerkennt, die sich nach Glück sehnen und frei sein wollen von Leid. Durch diese radikal andere Sichtweise wird nicht wieder etwas nach außen projiziert, sondern angesichts seiner eigenen nüchtern wahrgenommenen Ziele gesteht man auch anderen solche Ziele zu – und versucht, in diesem Bewusstsein zu leben.

Durch eine solche geistige Umorientierung lässt sich das Schicksal ändern. Um seinem Karma wirksam zu begegnen, gibt es nur einen sicheren Weg: Man muss sich die neue Haltung vor dem Einsetzen negativer karmischer Effekte angewöhnen. Haben sich die negativen Tendenzen einmal Bahn gebrochen, wird man sich nur schwer dagegen wappnen können.

Wer zum Beispiel voll in Wut geraten ist, tut sich sehr schwer, zu Ruhe und Besinnung zu finden. Hat man jedoch zuvor die Haltung eingeübt, dass andere sich nach Glück sehnen und frei sein wollen von Leid, dann überkommt einen die Wut immer seltener, weil man sie rechtzeitig in sich aufsteigen spürt und so in ihrer Heftigkeit abmildern kann. Zumindest klingen die Wutanfälle schneller ab, und man bedauert sie mehr.

Wird man durch diese Gleichmutsübung immer erfahrener in der Verinnerlichung der Gleichheit mit anderen, kann man sie schließlich auch in schwierigen Situationen zum Tragen bringen. Es entsteht ein Kräftereservoir, und man findet in schwierigen Situationen zu anderen Verhaltensweisen als den gewöhnlichen, die sich nur um einen selbst drehen und die nicht sehr effektiv sind.

Echte Reue ist der Schlussstrich unter die karmische Schuld. Sie löst die karmische Verstrickung und befreit von deren negativen Folgen als ein Erleiden ähnlicher Situationen oder als ein Wiederholen getaner Taten. Sie ist die zweite Stufe eines vierstufigen Läuterungsprozesses – bestehend aus der Bewusstmachung unheilsamer Taten, der Reue, dem Entschluss zur Besserung und dem rechtschaffenen Handeln –, der zur Überwindung übler Folgen vergangener unheilsamer Taten führt.

1. Bewusstmachung unheilsamer Taten

Führen Sie folgende Meditation durch: »Ich habe es getan; ich muss der Tatsache ins Auge blicken, dass ich es getan habe. Ich kann das Geschehene nicht ungeschehen machen. Aber es tut mir Leid, und ich will es in Zukunft nicht mehr tun.« Bewusstmachung ist der erste Schritt zur Aufhebung der Schuld, indem man verdrängte Schuld nicht länger mit sich herumträgt, sondern Fehlhandlungen konfrontiert: »Ich habe es getan.« Wenn man vor sich verbirgt, was man getan hat, vermehrt das die Schuld und verstärkt die Negativkräfte des Handelns: Man wiederholt dann mit jeder neuen Tat die alten Fehler.

Damit schlechtes Karma durch Reue abgetragen werden

kann, muss man sich zuerst seine Fehler eingestehen. Dies ist nicht mit einem pauschalen Zugeben getan, sondern man muss sich seine Untaten als solche klar vor Augen führen. Statt Getanes zu verharmlosen, muss man sich ihm stellen. Der Dalai Lama verglich das einmal mit dem Holzhacken: Durch das Spalten der Holzstücke tritt ihr Inneres zu Tage. Genauso verhält es sich mit der Bewusstmachung und Reue: Durch sie wird ein negatives Verhaltensmuster aufgespalten, in seinem Wesen erkannt und entschärft.

Ehrlichkeit wirkt dem Hass entgegen. Wenn man sein unaufrichtiges Verhalten verbirgt und anderen etwas vormacht, muss man fürchten, dass sie schließlich die Wahrheit erfahren. Man wird die Menschen hassen, die einen durchschauen und bloßstellen könnten. So sind sicher einige der Taten, die man sich eingestehen muss, vom Hass diktiert worden, und der vergangene Hass erzeugt neuen Hass, solange er uneingestanden bleibt. Wenn man sein Fehlverhalten auf körperlicher, sprachlicher und geistiger Ebene nicht zugibt, wird es täglich schwerer wiegen. Denken Sie daran: Wer sich schuldig gemacht hat und diese Taten zu verbergen sucht, verschlimmert sie.

Körperliches, sprachliches und geistiges Fehlverhalten muss eingestanden werden. Eine Möglichkeit ist es, sich einem geistlichen Berater anzuvertrauen, aber gewöhnlich visualisiert man einen Buddha oder ein hohes Wesen und enthüllt diesem seine Taten. Gehen Sie Ihr ganzes Leben durch und enthüllen Sie nacheinander sämtliche schlechten Angewohnheiten. Das wird einige Zeit in Anspruch nehmen. Oder legen Sie vor einer Meditationsgruppe ein Geständnis ab. Lassen Sie diese Taten keine Macht mehr über Sie haben.

2. *Reue*

Führen Sie folgende Meditation durch: »Ich bedaure aufrichtig, dass ich das und das getan habe.« Reue steht als aufrichtiges Bedauern am Anfang der Besserung. Die Reue an sich ist allerdings nicht immer heilsam, sie kann auch unheilsam sein. Gute Taten lassen sich genauso bereuen wie schlechte, es kommt also auf die richtige Grundhaltung an. Wenn man zum Beispiel Bedürftigen etwas gibt und es danach bereut, ist diese Reue schlecht, denn die ursprüngliche Mildtätigkeit war gut. Was sind schlechte Taten? Es sind Taten, die Leid bringen – die einem selbst oder anderen unmittelbar oder zukünftig schaden (siehe Tabelle in Kapitel 12). Vieles scheint jetzt gut zu sein, was langfristig schadet.

Wenn ich Freunden von meinen Jugendsünden erzähle, gerate ich dabei manchmal ins Grinsen. Dieses süffisante Lächeln zeigt, dass es meiner Reue an Tiefe mangelt. Meine Selbstbeobachtung hat mich gelehrt, dass es nicht leicht ist, absichtlich zugefügtes Leid so aufrichtig zu bereuen, dass man unter den gleichen Umständen nicht mehr so handeln würde. Im Lauf der Jahre hat sich meine Reue allerdings vertieft.

Wie ich schon erwähnte, war ich als Teenager Mitglied einer Vorstadtgang, und eines unserer Hobbys war, Leute zu ärgern und zu erschrecken. Wir schreckten vor nichts zurück – wir entfernten Radioknöpfe aus Kabrioletts, machten Kratzer auf Autos, schütteten Zucker in Benzintanks, fuhren mit unseren Autos über Strauchrabatten, versetzten Tramper in Angst und Schrecken, terrorisierten Menschen, die uns per Anhalter mitnahmen, beteiligten uns an Schlägereien, entfernten Stoppschilder, drangen ungebeten in Häuser ein und so weiter. Wenn wir eine ältere Dame vom fahrenden Auto aus erschreckten, so dass sie entsetzt zusammenzuckte, weil sie befürchtete, gleich überfahren zu werden, lachten wir.

Warum wollten wir damals die Leute derart ärgern? Der Grund dürfte zum Teil gewesen sein, dass wir uns gegen die Gesellschaft auflehnten, in der wir aufgewachsen waren und die uns spießig vorkam. Im Lauf der Jahre ist mein Bedauern größer geworden, wenn ich rückblickend bedenke: »Genauso wie ich Glück ersehne und frei sein will von Leid, ersehnen auch diese Mitmenschen Glück und wollen frei sein von Leid.« Genauso wie mein Freund und ich uns umeinander kümmern und hoffen, dass jeder erfolgreich seinen Weg gehen kann, war auch diese alte Dame – die jetzt als einsame Fußgängerin unterwegs ist und sich nach Glück sehnt und frei sein will von Leid – in einem früheren Leben einmal mein bester Freund, und jetzt in diesem Leben hatte ich nichts Besseres zu tun, als sie zu erschrecken. Wie traurig!

Gewisse Taten sind wie eine Weggabelung. Man ist danach jemand, der die eine Richtung eingeschlagen hat und nicht die andere; die Tat beeinflusst von nun an alles Tun. War es eine Untat, können Eingeständnis und Reue ihren Einfluss verringern. Wir können die Vergangenheit nicht ungeschehen machen; sie ist geschehen und vorbei; aber man kann den Einfluss vergangener Taten verstärken oder verringern. Deshalb sind Bekenntnis und Reue so wirksam.

3. Der Entschluss zur Besserung

Selbstvorwürfe helfen nicht weiter. Der Buddhismus betont nicht das schlechte Gewissen, sondern die Reue und den Entschluss, sich zu ändern. In einfachen Worten, man gibt zu, dass man einen Fehler begangen hat, und verspricht, es nicht mehr zu tun. Manchmal ist eine reale Wiedergutmachung möglich; zum Beispiel, wenn man für etwas aufkommt, das man kaputtgemacht hat, oder gestohlene Ware zurückgibt. Aber vieles lässt sich nicht ersetzen. Zeitverschwendung zum Beispiel lässt sich nicht rückgängig machen, egal wie sehr man sie bereut. Man kann nichts anderes tun, als ein Versäumnis anzuerkennen und sich fest vorzunehmen, in Zukunft anders zu handeln. **Führen Sie folgende Meditation durch: »Ich habe mich aus Begierde (oder Hass) und Unwissenheit zu dieser Tat hinreißen lassen; sie war falsch, und ich will das in Zukunft nicht mehr tun. Möge ich so etwas nie mehr tun! Ich werde dafür sorgen, dass ich so etwas nicht mehr tue.«**

Es bringt eine große Entlastung, wenn man weiß: »Vor zehn Jahren habe ich mich mit dem und dem gestritten. Für mich war es damals die einzige Möglichkeit, aber jetzt weiß ich, dass ich das nie mehr tun würde. Ich bemühe mich, so etwas nie mehr zu tun.«

4. Rechtschaffenes Handeln

Schließlich lassen sich Bekenntnis, Reue und der Entschluss zur Besserung noch durch rechtschaffenes Handeln bekräftigen, indem man zum Beispiel Wohlfahrtseinrichtungen unterstützt, Almosen gibt, tiefgründige Texte liest und so weiter, mit dem Bewusstsein, dass dieses Tun den Einfluss vergangener Taten verringert.

Der Tod ist unausweichlich. Der Zeitpunkt seines Eintretens ist jedoch unsicher: Man kann jeden Augenblick sterben. Nützen Sie also die wertvolle Gelegenheit dieses Lebens, und tun Sie etwas, was sich auf lange Sicht lohnt. Führen Sie die in diesem Kapitel beschriebenen Meditationen täglich durch, und sei es auch nur für fünf oder zehn Minuten: sich schlechte Taten eingestehen, bereuen, dass man sie getan hat, und beschließen, sie nicht mehr zu tun, sowie sich in rechtschaffenem Verhalten üben, um den Einfluss des Getanen zu mindern. Wir müssen an solche Dinge erinnert werden, weil wir an das Gegenteil gewöhnt sind. Wenn wir wirklich so vernünftig wären, wie wir vorgeben, brauchten wir nur etwas Vernünftiges zu hören und würden es schon in die Tat umsetzen. Aber so einfach ist das nicht. Meditation ist dazu nötig.

Kapitel 5

Sich dem Grauen stellen

Da Mitgefühl dem Wunsch entspricht, die Wesen mögen frei von Leid und den Ursachen des Leids sein, muss man sich zunächst die enorme Gefühlsbezogenheit unseres Lebens bewusst machen. Darum werden in den buddhistischen Darstellungen Freude, Leid und neutrale Gefühle so betont. Im Wesentlichen entscheiden die Gefühle darüber, wie wir auf Personen oder Situationen reagieren. Zur Entwicklung tiefen Mitgefühls muss man sich zunächst eingestehen, wie abhängig man von seinen Gefühlen und Leidenschaften ist.

In buddhistischen Texten werden Höllen beschrieben, die sich Menschen durch frühere Taten geschaffen haben. Eine davon ist besonders schrecklich; dort wird man zusammen mit vielen anderen auf einen Tisch gelegt, und jemand kommt und malt ein Liniengeflecht auf jeden Leib. Er zeichnet viele schwarze Linien – acht, 16, 32 – und nimmt dann eine glühende Eisensäge und zerteilt den Körper anhand der Linien. Was bezweckt diese Beschreibung? Soll uns das Grauen überkommen (mich jedenfalls erfasst es, und Sie wohl auch)? Ja, sie führt uns unsere verborgene Angst vor Augen und vermittelt einen Eindruck von möglichen Leidenssituationen. Wollen buddhistische Lehrer damit sagen: »Du musst dich unserer Gruppe anschließen und Mitgliedsbeitrag zahlen, sonst kommst du in die Hölle«? Nein, ganz und gar nicht. Sie weisen nur auf einen Zustand innerhalb des Daseinskreislaufs hin, auf eine Geistesverfassung. Ich weiß nicht, ob auf dieser Welt jemals irgendwer mit einer glühenden Säge zerteilt wurde, doch wurden Menschen erstochen und zerhackt. Sich in einer Mitgefühlsübung in einer solchen Lage vorzustellen oder in andere Opfer oder Täter hineinzuversetzen kostet Überwindung, weil man vor der Wahrnehmung großen Leids zurückschreckt und es gewöhnt ist, sich möglichst weit davon zu distanzieren.

Wenn einen schon die Vorstellung, dass Lebewesen zersägt werden, so schnell aus der Fassung bringen kann, zeigt das, auf welch unsicheren Grund Gleichmut und Mitgefühl gebaut sind. Es graut einem: »Lasst mich hier raus! Ich will das nicht sehen!« Oder macht einen wütend: »Was soll das? Was ist hier los?« Deshalb sind die besten Schüler diejenigen, die sich mutig und entschlossen in jede erdenkliche Lage versetzen. Sie lesen Höllenbeschreibungen und die geschilderten Qualen der hungrigen Geister; sie stellen sich vor, wie sie von anderen angegriffen werden oder wie sie daliegen – während jemand auf ihnen Striche zieht und zur Säge greift – und sie lassen ein starkes Gefühl der Angst in sich entstehen. Dann wandeln sie ihre Empfindung in Mitgefühl für den Täter um. Das baut eine Menge Hass ab. Es erfordert viel Übung; man muss sich solche Situationen immer wieder sehr lebhaft vorstellen.

Wir sehnen uns nach Freude und wollen frei sein von Leid, aber oft eilen wir dem Leid entgegen und kehren der Freude den Rücken. Wir stürzen uns von einem Unheil ins nächste. In den buddhistischen Texten wird eine Hölle beschrieben, die das besonders gut zum Ausdruck bringt: Nachdem man einer der schlimmsten Höllen entkommen ist, die man sich durch sein eigenes Karma geschafft hat, ist man natürlich äußerst froh. Man kommt an einem Berg vorbei. Oben steht ein Freund und ruft einem zu: »Was machst du dort unten? Hier oben ist es doch viel schöner!« Man steigt hinauf, aber der Berg besteht aus scharfkantigem Stahl, ähnlich einer Eisenraspel. Man kommt voller Schürfwunden oben bei seinem Freund an, doch jetzt verwandelt er sich in ein Ungeheuer, reißt das Maul auf und beißt einen ins Genick, dass man ohnmächtig vor Schmerzen zu Boden sinkt. Erinnert einen das nicht an viele Beziehungen?

Aber die Geschichte endet hier nicht. Wieder zum Leben erwacht, schaut man vom Berg hinunter, und nun steht der Freund unten. »Was machst du dort oben auf dem Berg? Hier unten ist es doch viel schöner!« Also steigt man hinunter, und wieder zieht man sich böse Schürfwunden zu. Das ist die so genannte Raspelhölle. Man hat eine erfreuliche Beziehung, die entsetzlich endet; dann geht man wieder eine angenehme Beziehung ein, die zur Katastrophe wird; und wieder lässt man sich auf eine Beziehung ein … Ich denke, dieses Muster kennen wohl die meisten von uns aus eigener Erfahrung.

Meditation: Durch die Vorstellung schrecklicher Situationen Mitgefühl und Gleichmut üben

Mit den Schreckensszenarien wird nicht nur auf die Folgen des eigenen Tuns aufmerksam gemacht, sie dienen auch der Übung von Mitgefühl. **Stellen Sie sich in der Meditation einen Menschen in der Raspelhölle und dessen Freund auf dem Berg vor, und senden Sie aus Ihrem Herzen strahlendes Licht zu diesen Menschen. Das alle Farben enthaltende Licht fällt auch auf den Raspelberg und verwandelt ihn**

in eine schöne, friedliche Landschaft. Erfüllt vom Licht erweisen sich die beiden Menschen als wahre Freunde. Es ist ein wirksame Technik.

Stellen Sie sich in der Meditation weiterhin vor, wie jemand den Raspelberg erklimmt, und sagen Sie sich: »Genauso wie ich Glück ersehne und frei sein will von Leid, ersehnt auch dieser Mensch Glück und will frei sein von Leid.« Diese Vorstellung kann sehr bewegend sein. Sie irritiert den ruhigen Meditierer in uns und führt uns eine Situation vor Augen, die wir im Alltag erleben können und die unser Engagement herausfordert. Entscheidend ist, dass die Vorstellungskraft wächst. Man muss sich verschiedene Stufen des emotionalen Engagements vorstellen, damit man beim Üben wirklich weiterkommt.

Stellen Sie sich bei folgender Übung zunächst enge und dann weniger enge Freunde vor, gehen Sie dann zu neutralen Personen über und schließlich zu Feinden. **Rufen Sie sich in der Meditation die betreffenden Personen zunächst so in Erinnerung, wie Sie sie kennen; dann versetzen Sie die Person auf den Raspelberg und meditieren Sie: »Genauso wie ich mich nach Glück sehne und frei sein will von Leid, will auch dieser Mensch glücklich sein und nicht leiden.«** Wiederholen Sie diesen Gedanken so lange, bis Sie ihn *fühlen*; dann gehen Sie zur nächsten Person über.

Schließlich werden Sie bei den Feinden ankommen. »Feind« bedeutet jemand, der Ihnen oder Ihren Freunden in der Vergangenheit geschadet hat, in der Gegenwart Schaden zufügt oder zukünftig schaden wird. Manche Meditierende müssen sich, um Feinde zu finden, in die Kindheit zurückversetzen, in der es eine ganz klare Grenze zwischen Freund und Feind gab. Man kann sich auch eine Konfliktsituation in Erinnerung rufen. War da nicht ein Feind? Egal wie lange der Konflikt dauerte – ob 30 Sekunden, fünf Minuten oder zehn Minuten –, hatten Sie da nicht einen Feind? In der ruhigen oder auch heiteren meditativen Verfassung würde man diese Menschen nicht ohne Weiteres als Feinde betrachten, deshalb muss man sich *in* die Konfliktsituation *zurückversetzen.*

Macht jemand, den man sehr mag, einen kleinen Fehler, kann diese Person manchmal schlagartig zum schrecklichen Feind werden. Plötzlich wird ein offenbar übersehener gravierender Fehler überscharf wahrgenommen. In solchen Phasen sind also auch Freunde Feinde. Man kann zwischen beiden Haltungen hin- und herschwanken. Bei dieser Übung geht es nicht um Beziehungen, die man aus der Distanz betrachtet, sondern um solche, bei denen man sich als unmittelbar Betroffener erlebt.

Die Reaktionen sind sehr verschieden. Manchmal treten ungewöhnliche körperliche Empfindungen auf, wenn man an unangenehme Menschen denkt – etwa an Arbeitskollegen, auf die man sauer ist. Innere Widerstände zeigen, dass die Übung ins Schwarze trifft. Oder man empfindet beim Gedanken an seine Feinde Mitleid, weil sie auf unheilsame Weise ihrem Glück nachgehen. Denken Sie einmal an die letzte Begegnung mit einem Ihrer Feinde. Gelingt es Ihnen, sich in dieser erinnerten Situation vorzustellen: »Genauso wie ich Glück ersehne und frei sein will von Leid, ersehnt auch dieser Mensch Glück und will frei sein von Leid«? Wenn ja, wird die Situation automatisch an Brisanz verlieren.

Meditation: Konfliktsituationen in neuem Licht sehen

Gewöhnlich hält man andere für besser oder schlechter, als sie tatsächlich sind. Um diese emotionale Schwarzweißmalerei zu überwinden, kann man sich in Konfliktsituationen zurückversetzen, in denen man an die Decke ging, böse wurde oder still litt – jeder reagiert anders –, und sich darauf besinnen, dass der Mensch, mit dem man Schwierigkeiten hatte, auch Glück ersehnt und frei sein will von Leid. Diese Form der Besinnung führt mit der Zeit zu größerer Beweglichkeit im Umgang mit Ärger.

Mein älterer Bruder war wesentlich größer als ich (und ist es auch heute noch). Wenn wir die Küchenarbeit erledigten, musste ich das Geschirr abwaschen und ins zweite Spülbecken legen. Mein Bruder hatte es dann mit der Schlauchbrause oder unter dem Wasserhahn nachzuspülen. Es war eine jener altmodischen Armaturen, bei denen durch die Betätigung eines Hebels das Wasser aus der Schlauchbrause kam, die sich auf meiner Seite befand. Mein Bruder wechselte zwischen Brause und Wasserhahn nach Belieben ab und vergaß immer wieder, den Hebel umzustellen, sodass plötzlich aus der Brause kochend heißes Wasser über meine Hände floss. Ich geriet in unglaubliche Wut darüber. Jedes Mal schrie ich meinen Bruder wie verrückt an.

Um diese alte Konfliktsituation in neuem Licht zu sehen, habe ich mir zunächst vorgestellt, wie ich sie als Außenstehender betrachte, und mir angesichts der beiden Jungen vor der Spüle vergegenwärtigt, wie sehr sie gleichermaßen nach Glück streben und frei sein wollen von Leid. Als mir das einigermaßen gelang, ging ich einen Schritt weiter und versetzte mich in die Lage des Jungen, der ich einmal war, und wenn das heiße Wasser meine Hände verbrühte, sagte ich mir: »Genauso wie ich Glück ersehne und frei sein will von Leid, ersehnt auch mein Bruder Glück und will frei sein von Leid.« Ich merkte, dass sich durch fortgesetzte Übung das Mitgefühl vertiefte und man eine Ebene erreicht, die viele Reaktionsweisen zulässt. Auch wenn ich anerkenne, dass mein Bruder Glück ersehnt und frei sein will von Leid, heißt das noch lange nicht, dass ich sagen werde: »Komm schon, Bruce, verbrüh mir doch einmal die Hände«. Aber ich würde mich nicht mehr jedes Mal wie ein Verrückter aufführen, wenn er es tut. Ich würde ihn auf kluge Weise an die Hebelumstellung zu erinnern suchen.

Rufen Sie sich in der Meditation eine entscheidende Konfliktsituation aus Ihrer Kindheit in Erinnerung und versetzen Sie sich in die Lage von damals. Stellen Sie sich dann vor, Sie würden geistesgegenwärtig denken: »Genauso wie ich Glück ersehne und frei sein will von Leid, ersehnt auch Gisela (oder wer auch immer) Glück und will frei sein von Leid.«

Gehen Sie ein paar jüngere Konfliktsituationen durch. Möglicherweise haben Sie das Gefühl: »Das ist nun zehn Jahre her, aber ich würde heute noch genauso in die Luft gehen.« Das würde heißen, dass Sie in den letzten zehn Jahren nichts dazugelernt haben. Die Gleichmutsübung lässt Sie eine neue Sicht gewinnen und bewirkt, dass alter Ärger keinen so großen Einfluss mehr auf Sie hat. Versuchen Sie diesen neuen Weg. Vielleicht führt er nicht auf Anhieb zum Erfolg, aber dabei wird Ihnen zumindest die Möglichkeit bewusst, auf andere Weise mit der Situation umzugehen. Dadurch hat sie weniger Macht über Sie.

Meditation: Auch bei Albträumen Gleichmut üben

Die Gleichmutsübung hilft besonders gut bei der Verarbeitung von Albträumen. Es gibt kein besseres und tröstlicheres Gegenmittel, wenn man aus einem Albtraum erwacht ist, als zwischen sich und dem Traumungeheuer etwas Verbindendes anzuerkennen – die Gleichheit des Ziels. **Meditieren Sie, indem Sie sich sagen: »Genauso wie ich Glück ersehne und frei sein will von Leid, ersehnt auch dieses Ungeheuer Glück und will frei sein von Leid.«**

Dass man sich Traumwesen als reale Wesen vorstellen soll, mag einem verrückt vorkommen, da sie ja wirklich nur pure Einbildung sind, aber versuchen Sie einfach, in ihnen jemanden zu sehen, der sich nach Glück sehnt und frei sein will von Leid, einen ehemaligen Freund, der einem seinerzeit viel Gutes getan hat. Hüten Sie sich, die Übung als solche in Frage zu stellen. Denken Sie nicht: »Sollte es nichts helfen, taugt die Methode nichts.« Gehen Sie spielerisch an die Sache heran. Es ist einige Ausdauer erforderlich, bevor solche Meditationen die Gefühlsebene erreichen. Aber dann wird die Angst spürbar nachlassen.

Man versucht einen Komplex zu entschärfen, der im Traum als Ungeheuer erscheint, und durch die Kraft des Gleichmuts löst sich die Angst auf, die das Ungeheuer einem einjagt. Auch wenn man es nicht für möglich hält, aber diese Technik funktioniert. **Meditieren Sie folgendermaßen: »Dieses Spinnenungeheuer sehnt sich, genauso wie ich, nach Glück und will frei sein von Leid; möge es glücklich sein und nicht leiden.«**

Betrachten wir einmal albtraumhafte Persönlichkeiten wie

Hitler und Stalin, die wirklich existierten. Sie waren unbegreiflicherweise der Überzeugung, ihr Glück dadurch zu erlangen, dass sie anderen schwerstes Leid zufügten. Trotzdem, ganz gleich wie ungeheuer dumm, verblendet und wahnsinnig sie waren, sie sehnten sich – genauso wie ich – nach Glück und wollten frei sein von Leid. Ich werde ihre Methoden niemals gutheißen, aber trotz allem wollten auch sie, wenn sie Rückenschmerzen hatten, diese los sein. Sie hatten verhängnisvolle Vorstellungen vom Weg zum Glück und waren nicht in der Lage, ihren furchtbaren Irrtum einzusehen. Aber trotzdem waren auch sie fühlende Wesen.

Es hilft, sich vorzustellen, dass solche extrem bösartigen Menschen – oder wir selbst, wenn wir im Zorn böse Dinge tun – sich nicht mehr bewusst sind, dass andere Menschen Glück ersehnen und frei sein wollen von Leid. Diese Vorstellung bringt uns auch die näher, die unter großer emotionaler Zerrissenheit leiden.

Wenn Sie sich längere Zeit mit diesen Meditationen befassen und in den vorgestellten Schreckensszenarien Gleichmut üben, werden sich Ihre Gelassenheit und Ihre Einfühlung langsam auf jeden erstrecken, dem Sie begegnen.

Kapitel 6

Viele Leben

Meditation: Wiedergeburten gedanklich durchspielen

Jeder Mensch, den wir kennen oder treffen, ist für uns im Laufe unserer vielen Leben schon einmal Freund, Feind und gleichgültige Person gewesen. Spielen wir den Wiedergeburtsgedanken einmal durch – wozu man keineswegs an die Wiedergeburt glauben muss. Wenn Sie die Wiedergeburt für möglich halten, wird Ihnen die Betrachtung vielleicht leichter fallen, aber Sie können einem Gedanken durchaus auch folgen, wenn Sie nicht an ihn glauben. Genauso wie man beim Betrachten eines Films mit der Handlung mitgeht und alle möglichen Reaktionen verspürt, kann man auch hier bestimmte Perspektiven durchgehen, um zu sehen, wie man reagiert. **Stellen Sie sich in der Meditation einmal Folgendes vor: »Es ist nur fünf Leben her, dass ich Kaufmann in Ägypten war (oder in irgendeinem anderen Land Ihrer Wahl). Damals hatte ich einige Freunde und einige Feinde, die übrigen Menschen waren mir gleichgültig.«** Versetzen Sie sich lebhaft in diese Lage zurück.

Angenommen, es gibt die Wiedergeburt wirklich, wäre dann Ihr bester Freund in diesem Leben auch damals, vor fünf Leben, Ihr bester Freund gewesen? Möglicherweise ja, aber nicht unbedingt. Er hätte ebenso zu den gleichgültigen

Menschen gehören und jemand gewesen sein können, dem Sie auf der Straße begegneten und den Sie nicht weiter beachteten oder sogar völlig übersahen. Er hätte Sie nicht interessiert. In diesem Leben jedoch sorgt sich Ihr Freund sehr, wenn Sie krank sind, und Sie sorgen sich um ihn, wenn er krank ist. Doch könnte er vor fünf Leben nicht auch Ihr Feind gewesen sein?

Freundschaft und Feindschaft sind selbst in diesem Leben nicht beständig. Haben Sie nicht einen Freund, der in diesem Leben auch schon einmal Ihr Feind war? Selbst geliebten Menschen gegenüber können wir total wütend und verletzend werden. So könnte Ihnen jemand, den Sie nicht leiden können oder der Ihnen jetzt gleichgültig ist, in einem früheren Leben genauso teuer gewesen sein wie Ihr gegenwärtig bester Freund oder genauso verhasst wie Ihr schlimmster Feind. Das träfe doch zu, wenn es nicht nur einen einzigen Anfang, sondern die Wiedergeburt gäbe?

Auf Länderebene waren die Russen einmal die großen Feinde Amerikas. In meiner Jugend in den 1940er und 50er-Jahren gab es keinen schlimmeren Feind als sie, waren sie die Ungeheuer schlechthin; jetzt sind sie für mich Menschen wie andere auch. China war während des Zweiten Weltkriegs ein enger Verbündeter der Vereinigten Staaten, wurde dann während des Koreakrieges ein Feind, und jetzt ist es angeblich wieder ein politischer Freund, obwohl ihr äußerst hartes Vorgehen gegen Tibet in weiten Kreisen Missfallen erregt. Wie im persönlichen Bereich sind auch in der Politik der Wankelmut und die Blindheit groß.

Während des Vietnamkriegs machte sich im *Time*-Magazin ein Autor über die Vietnamesen lustig, die sich um Fliegen kümmern würden wie um ihre Großmutter. Ihre Sanftmut wurde als völlig absurd hingestellt. Auch in tibetischen Klöstern ist es üblich, dass man Fliegen mit der Hand fängt – von hinten mit einer sehr schnellen Bewegung – und vor der Tür wieder freilässt. In Indien stülpen die Tibeter vorsichtig eine Plastiktüte über eine Fliege, warten, bis sie hochgeflogen ist, halten dann die Tüte in der Mitte zu, fangen derart weitere Fliegen und lassen diese schließlich vor der Haustür frei. Welche Fürsorglichkeit gegenüber den kleinsten Lebewesen! Aber dafür hatte der Autor des *Time*-Artikels offenbar überhaupt keinen Sinn.

Ein Mensch, der jetzt Ihr bester Freund oder Ihre beste Freundin ist, könnte im Lauf seiner vielen Leben auch einmal eine Fliege gewesen sein, und die Menschen, die sich Ihnen gegenüber grob oder indifferent verhalten, könnten Ihre besten Freunde gewesen sein. Unsere Haltung anderen gegenüber sollte dieser Unbeständigkeit Rechnung tragen. Selbst in diesem Leben gibt es einige Freunde, die einem nur in guten Zeiten zur Seite stehen und nicht in schlechten. Es hängt manchmal nur von den Umständen ab, ob Freunde, gleichgültige Menschen und Feinde von einem Lager ins andere wechseln.

Es gibt keine Garantie für einen Freund – dass jemand auch in der Vergangenheit einem nur wohlgesinnt war. Sehr viel wahrscheinlicher ist es, dass dieser jemand im Laufe vieler Leben auch schon einmal – ja selbst mehrmals – ein Feind war. Geht man davon aus, dass es unendlich viele Wiedergeburten gibt, lässt sich durchaus vorstellen, dass ein gegenwärtig guter Freund zumindest einige Male ein böser Feind gewesen ist. Ein solcher Gedankengang verunsichert, weil man sich plötzlich sagt: »Das stellt ja alle Freundschaften in Frage; dann soll es wohl nur noch Feinde geben!« In der Tat, da wir in der Vergangenheit mit jedem in allen möglichen Beziehungen standen, waren auch alle einmal unsere Feinde. Doch sollen wir ihnen das nachtragen?

Dieselbe Frage stellt sich auch in Bezug auf die Gleichgültigkeit. Sollte man sich allen Menschen gegenüber gleichgültig verhalten, bloß weil sie in der Vergangenheit einen irgendwann einmal gleichgültig behandelten? Dieses System, das angeblich Mitgefühl entwickeln soll, scheint ja recht unangenehm zu sein.

Es geht jedoch darum, zunächst einmal alle auf eine Ebene zu stellen, bevor eine innige Verbundenheit mit jedem angestrebt wird. Diese Gleichstellung fällt nicht leicht, wenn sie wirklich vollzogen wird. Macht die Übung nicht betroffen, bleibt es bei hohlen Worten: »Jeder war schon Freund, jeder neutrale Person, jeder Feind. Lasst uns doch alle Freunde sein. Das ist eine tolle Sache: Alle lieben sich.« Und im nächsten Augenblick streitet man sich um eine Parklücke oder so etwas.

Gehen wir einmal von neutralen Personen aus, zum Beispiel von jemandem, den man auf der Straße vorbeifahren sah, oder von der Kassiererin im Supermarkt. War man mit ihnen in einem früheren Leben einmal befreundet? Es ist schwer vorstellbar, aber trotzdem besteht eine Wahrscheinlichkeit. Zumindest lässt sich nicht hundertprozentig ausschließen, dass man mit ihnen befreundet war. Und ebenso wenig lässt sich eine frühere Feindschaft mit ihnen ausschließen.

Nicht anders als neutrale Personen könnten auch Feinde in der Vergangenheit Freunde gewesen sein. Die Beziehung zu all den vielen Wesen in der Welt erweitert nicht nur den Raum-, sondern auch den Zeitbegriff. Es gibt keinen Ort, an dem Sie in der Vergangenheit noch nicht geboren worden wären; es gibt kein Zeitalter, in dem Sie nicht gelebt hätten; man kann nicht auf einen bestimmten Ort verweisen und sagen: »Dort bin ich noch nie geboren worden.«

Bei dieser Gleichmutsübung beginnt man am besten mit neutralen Personen, weil man sich von Menschen, die einen emotional in keiner Weise betreffen, leichter vorstellen kann, dass sie in der Vergangenheit Freunde und ein andermal Feinde waren. Wer ein gutes Vorstellungsvermögen hat, sollte sich die Person in der betreffenden Situation bildlich vorstellen. Andernfalls genügt es, sich die Anwesenheit des Betreffenden gefühlsmäßig in Erinnerung zu rufen. **Sagen Sie sich in der Meditation: »Dieser Mensch war mein Freund.« Sie können genauer darauf eingehen: »Vor zwei Leben. Ich verstand mich mit ihm sehr gut«, und verdeutlichen Sie es sich durch einen Vergleich, »genauso gut, wie ich mich jetzt mit meinem besten Freund verstehe.«** Fühlen Sie wirklich die Nähe zu diesem Menschen, Ihre gegenseitige Verbundenheit und Fürsorge, Ihr reges Interesse aneinander.

Die schrittweise Entfaltung des Mitgefühls ist leichter gesagt als getan. Denn der Geist gleicht einem Haufen Magneten, deren Abstoßungs- und Anziehungskräfte ein emotionales Muster bilden, in das die Meditation verändernd eingreift. Und dabei gibt es viele Hindernisse. Zum Beispiel fällt manchen Übenden auf, dass durch lebhafte Erinnerung an gleichgültige Menschen diese entweder zu Freunden oder zu Feinden werden. Vielleicht sieht die vorgestellte Person gut aus, so dass sich das Verlangen meldet. Dann ist einem der andere nicht mehr gleichgültig. Man verliert das Gefühl für eine neutrale Einstellung. Wie dorthin zurückfinden? Die Gleichmutsmeditation (und damit auch die weiteren Schritte der Mitgefühlsentfaltung, die in den nächsten Kapiteln beschrieben werden) ist nicht zuletzt aus diesem Grund so schwierig.

Versuchen Sie die Schwierigkeit durch folgende Überlegung zu überwinden: Sobald man sich jemanden in Erinnerung ruft, erscheint derjenige sympathisch oder unsympathisch, weil man sich hingezogen fühlt oder abgestoßen ist, doch ist man *nicht in demselben Maß* hingezogen oder abgestoßen wie bei tatsächlichen Freunden oder Feinden. Es ist ja jemand, der einem nicht wirklich geschadet oder geholfen hat; man hatte wenig mit ihm zu tun. Beobachten Sie, wie sich auf Grund bloßer Annahmen Sympathie oder Antipathie einstellen kann, wenn man sich eine neutrale Person vorstellt oder sich gefühlsmäßig an sie erinnert. Achten Sie einmal darauf, wie solche Projektionen die Einstellung beherrschen können.

Definieren Sie Ihre Neutralität nicht so streng, dass niemand mehr darunter fällt. Für mich sind die dankbarsten neutralen Personen Menschen, die ich durch kurze Kontakte kenne, zum Beispiel ein Ladenbesitzer oder jemand an der Kasse. Wenn Sie damit Schwierigkeiten haben, versuchen Sie es mit Straßenpassanten. Aber Sie sollten auch Menschen einschließen, die Sie kennen, etwa die Raumpflegerin Ihrer Arbeitsstätte.

Man fragt sich vielleicht, wie einem ein in einem früheren Leben so vertrauter Mensch jetzt so fern stehen kann, aber im Grunde ist es nichts anderes, als wenn man bei einem Klassentreffen ehemalige Freunde oder Feinde nicht wieder erkennt. Das passierte mir vor neun Jahren. Ein ehemaliger Klassenkamerad trat auf mich zu – ich trug ein Namensschild – und fragte: »Du bist Jeff Hopkins?« »Ja.« »Du bist es also tatsächlich.« Er konnte es kaum fassen, aber noch peinlicher war, dass ich mich nicht mehr an ihn erinnern konnte, obwohl er seinen Namen nannte. Mit der Zeit fiel mir dann wieder ein, dass er in der vierten Klasse mein allerbester Freund gewesen war.

Als ich das erste Mal in Indien war, rasierte ich mir nach ein paar Monaten den Bart ab, und man kannte mich bald nur noch ohne Bart. Auf meiner zweiten Indienreise hatte ich einen Bart. Ein Freund war aus Nepal nach Dharamsala gekommen. Ich sah ihn vom Fenster aus und machte mich durch Rufen bemerkbar. Er sah zu mir herüber, ging aber weiter. Ich eilte auf die Straße und rief ihm nach. Er drehte sich zu mir um und sagte: »Ja, hallo.« Ich nannte meinen Namen, und erst jetzt erkannte er mich voller Freunde wieder. Schließlich fragte er: »Was ist los mit dir? Ist irgendetwas passiert? Du siehst so anders aus!« Zuerst wäre er einfach an mir vorbeigegangen, als er mich jedoch wieder erkannt hatte, war er zunächst über mein verändertes Aussehen verwundert, bevor er begeistert an unsere gemeinsame Zeit zurückdachte, in der ich ihm die tibetische Grammatik beigebracht hatte.

Wird einem erst einmal richtig klar, was es bedeutet, dass man schon viele Male gelebt haben könnte, dann kann sogar Trauer darüber aufkommen, dass man sich einmal so nahe stand und jetzt nicht mehr daran erinnern kann. Nehmen Sie diese Trauer wahr und meditieren Sie weiter. Neutralen Personen gegenüber fällt diese Betrachtung deshalb leichter, weil man hier weder in Zuwendung noch in Ablehnung befangen ist. Trotzdem ist das Ergebnis erschütternd.

Nachdem Sie in aller Ruhe die Folgerungen aus der Möglichkeit der vielen Leben durchgegangen sind, stellen Sie sich vor, dass dieselbe neutrale Person, die Ihnen im jetzigen Leben weder nützt noch schadet, in einem früheren Le-

ben genauso mit Ihnen verfeindet gewesen ist wie der oder die Soundso heute – also jemand, der sich über Ihre Misserfolge freut und Ihnen nur schaden will.

Definieren Sie »Feind« nicht so extrem, dass Sie sich vormachen können: »Oh, ich habe keine Feinde.« Wir alle haben Feinde, und sei es auch nur für Augenblicke. Da ist zum Beispiel dieser Mistkerl, der sich heute schon wieder das größte Kuchenstück nimmt. Vielleicht geben Sie zu bedenken: »Aber wegen einer solchen Kleinigkeit ist er doch noch nicht mein Feind.« Trotzdem sind Sie frustriert. Und Menschen, über die man sich ärgert, werden im Augenblick des Verdrusses als Feinde wahrgenommen, auch wenn man sie nicht als solche bezeichnen würde. Achten Sie genau auf *Ihr* Gefühl in dem betreffenden Augenblick.

Auf einem Retreat berichtete mir ein Teilnehmer, ihm seien zunächst keine neutralen Personen eingefallen, also habe er sich einen Kinobesuch vorgestellt. Und wie er sich seine Nachbarn vorstellte und versuchte, ihnen gegenüber seine Einstellung zu ändern, hätten ihn auf einmal alle 200 Kinobesucher böse angeschaut, weil ihnen seine Meditation über sie gar nicht passte! Da hieß es für ihn durchhalten und mit der Situation fertig werden.

Glauben Sie also nicht, dass diese Übung leicht ist. Wie ich schon sagte, ist diese Meditationsreihe, die mit der Entfaltung des Gleichmuts beginnt und nach etlichen weiteren Meditationsstufen zu großem Altruismus führt, leichter beschrieben als getan, weil unser Geist verborgene destruktive Muster aufweist. So musste der Retreatteilnehmer plötzlich mit Feinden fertig werden, als seine versteckte Paranoia in ihm zum Vorschein kam.

Wenn Sie sich an Ihre frühe Kindheit zurückerinnern können, gehen Sie Ihre Kindergarten- und Grundschulerlebnisse durch und halten Sie nach neutralen Personen, Feinden und so weiter Ausschau. Es gibt wirklich Feinde. Im Kindergarten und in der ersten Klasse wunderte ich mich darüber, dass ständig vom »Umbringen« die Rede war: »Mein Vater wird mich umbringen.« »Meine Mutter bringt mich um, wenn ich mein Pausenbrot nicht esse.« »Ich könnte den Soundso umbringen.« Ich fragte mich, was damit eigentlich gemeint war.

Vielleicht glauben Sie, einige Gräuel seien so groß, dass sie nicht vergeben werden können – nehmen wir zum Beispiel Stalin. Doch war man nicht auch schon einmal grausam gegen Menschen oder Tiere, wenn auch in einem kleineren Rahmen? Mein ältester Bruder arbeitete auf einer Farm, wo für die Jagd Fasane gezüchtet wurden. Einmal ging ich ins Fasanengehege, trieb einen Fasan in die Enge und versuchte ihn zu steinigen. Aber ich habe noch schlimmere Sachen gemacht. Ich habe manchen Menschen übel mitgespielt, setzte mir irgendetwas Boshaftes in den Kopf und führte es dann aus. Stalin hatte auch üble Ideen und war in einer Position, die es ihm erlaubte, sie in großem Maßstab in die Tat umzusetzen.

Sicher, das, was die meisten von uns verbrochen haben, bewegt sich in einer ganz anderen Größenordnung als ein millionenfacher Mord. Genauso wie einem für die kleineren Übeltaten 24 Stunden am Tag zur Verfügung stehen, stehen einem auch für die großen Verbrechen 24 Stunden pro Tag zur Verfügung, bloß hat man alle möglichen Leute unter sich. Statt einem einzigen Menschen die Hölle an den Hals zu wünschen, befiehlt man dann zum Beispiel gleich: »Tötet in der und der Region hunderttausend Menschen.« Denkt man einmal so darüber nach, kommt man langsam zu der Einsicht, dass einem verhasste Menschen gar nicht so unähnlich sind, insofern auch die nach Glück streben und Leid vermeiden wollen, auch wenn sie dabei völlig ungeeignete Wege einschlagen. Diese Einsicht führt aus festgefahrenen Meinungen heraus und befreit den Geist von Vorurteilen und Hass.

Destruktive Neigungen: die acht unfreien Zustände

Man ist deshalb so anfällig für unheilvolle Emotionen wie Hass, weil der Geist gewöhnlich in Neigungen und Abneigungen einrastet. Die Buddhisten sprechen von der Erwartung bzw. Ablehnung der acht unfreien Zustände, Lust und Leid, Gewinn und Verlust, Lob und Tadel, Ruhm und Schande, die folgendermaßen definiert werden:

1. *Erwartung von Lust:* Übermäßiges Hängen an jemandem oder an etwas, das Gefühl haben, man könne ohne die betreffende Sache oder Person nicht mehr leben. Wenn man zum Beispiel nur noch daran denkt, dass man Mokkajoghurteis mag, und die Lust darauf so groß ist, dass man nichts anderes mehr im Sinn hat.
2. *Ablehnung von Leid:* Jemand oder etwas überhaupt nicht ausstehen können – zum Beispiel, wenn man glaubt, jemand *nie mehr* sehen zu wollen.
3. *Erwartung von Gewinn:* Auf das Erreichen eines bestimmten Vorteils fixiert sein. Wenn man zum Beispiel eine Beförderung oder Gehaltserhöhung so wichtig nimmt, dass man eigentlich nur noch darauf hinlebt.

4. *Ablehnung von Verlust:* Das unentwegte Befürchten möglicher Verluste. Bringt es wirklich etwas, wenn man sich fast nur noch über seine Gesundheit, sein Vermögen und die Treue seiner Freunde Sorgen macht?
5. *Erwartung von Lob:* Ständig auf die Anerkennung anderer aus sein. Wenn einem Lob die Welt bedeutet und man sich danach fühlt wie ein Kind, das einen Bonbon erhalten hat, ist das töricht.
6. *Ablehnung von Tadel:* Es allen recht machen wollen. Die Sorge, jemand könne mit dem Finger auf einen zeigen, kann sogar krank machen. Vielleicht geht man in die Defensive und rechtfertigt sich, oder aber man geht zur Offensive über, nach dem Motto: »Angriff ist die beste Verteidigung.«
7. *Erwartung von Ruhm:* Bekannt und beliebt sein wollen. Heute, da ich diese Zeilen schreibe, ist in einer Großstadtzeitung ein Artikel über mich erschienen. Wie mich das freut!
8. *Ablehnung von Schande:* Fürchten, es könne schlecht über einen geredet werden – auch wenn es stimmt. Derselbe Zeitungsartikel wird mich in Verruf bringen, wenn ich darin falsch zitiert werde oder vielleicht Menschen beleidige, denen ich eigentlich zu helfen versuche; also schwanke ich sinnloserweise zwischen Freude und Befürchtung.

Wenn man in einem der acht unfreien Zustände befangen ist, fällt es einem schwer, sich zu erinnern, dass jeder Glück ersehnt und frei sein will von Leid. Man kann sich in seiner Egozentrik nicht vorstellen, dass auch diejenigen, die einem Begehrtes vorenthalten und Verabscheutes verursachen, sich nach Glück sehnen und frei sein wollen von Leid. Oder dass Menschen, die einen kritisieren und in Verruf bringen, statt einen zu loben und im Ansehen zu fördern, genauso Glück ersehnen und frei sein wollen von Leid wie man selbst. Im egozentrischen Sog geht der Gemeinsinn verloren.

Sobald man die Verhaftung an die acht unfreien Zustände jedoch nur etwas lockert, beginnt die Erkenntnis zu dämmern, dass nicht nur man selbst, sondern alle Menschen Glück ersehnen und frei sein wollen von Leid. Und je mehr Gleichmut man entfaltet, desto mehr löst man sich aus den Fesseln jener destruktiven Ziele. Der Mitmensch, der mir die letzte Kugel Mokkajoghurteis vor der Nase weggeschnappt hat, sehnt sich nach Glück und will frei sein von Leid – indem ich das bedenke, kann ich tatsächlich leichter auf der Ersehnte verzichten.

Sie sind der Meinung, Sie hätten das Nachsehen, wenn Sie zugäben, dass alle anderen genauso wie Sie Glück ersehnen und frei sein wollen von Leid? Was hält Sie wohl von dieser Einsicht ab? Die acht unfreien Zustände. »Wenn ich mich nicht über andere hinwegsetze, wie soll ich dann beruflich vorankommen? Ich würde ständig den Kürzeren ziehen und mir meine Karriere verderben.« Würden Sie das? Wäre man weniger auf Gewinn, Lob und Ruhm fixiert, ergäbe sich wahrscheinlich eher, wonach man sich normalerweise sehnt – mitmenschliche Zuwendung, Wertschätzung, Freundlichkeit. Man ärgert sich über die Unfreundlichkeiten anderer. Nähme man eine mitfühlendere Haltung ein, erführe man die Wertschätzung und Liebenswürdigkeit anderer.

Oder wäre man ein Versager? Denken wir nicht manchmal, Mitgefühl sei etwas Schönes, im Grunde aber naiv, und der Kluge müsse rücksichtslos sein? Klug sei der intrigante, gefühllose Analytiker? Ich glaube nicht, dass das so sein muss. Man braucht einen scharfen Geist, um die Haltung des

Gleichmuts zu bewahren, Versagen hat da keinen Platz – so lange man den Gleichmut nicht auf wenige Menschen begrenzt. Wenn man ihn Feinden gegenüber übt, muss man natürlich äußerst intelligent sein.

In manchen Berufen muss man auf sich aufmerksam machen, um mit seinen Ideen Erfolg zu haben. Aber deshalb braucht man noch lange nicht über Leichen zu gehen. Wenn man im Gedächtnis behält, dass die Menschen Glück ersehnen und frei sein wollen von Leid, versteht man ihre Grundeinstellung. Das Urteilsvermögen ist dann nicht mehr so verblendet, und man nimmt umso besser entscheidende Gelegenheiten wahr, wie man weiter kommt. Man kann unmöglich zum Schaden anderer handeln und *gleichzeitig* das Bewusstsein aufrechterhalten, dass sich andere Menschen nach Glück sehnen und frei sein wollen von Leid. Stellen Sie dieses Bewusstsein der Nähe her. In dieser Verbundenheit würden Sie nicht mehr über Leichen gehen können.

Muss man deswegen jedermann vertrauen? *Nein!* Das wäre lächerlich. Tatsächlich wird man eher klüger, weil man die Motive der anderen durchschauen lernt. Hat man einmal erkannt, dass sie Glück ersehnen und frei sein wollen von Leid, weiß man, dass sie alles tun werden, um ihr Ziel zu erreichen!

Trotzdem sollte man mitfühlend sein. Und das fällt schwer, sehr schwer.

Da man durch die Wiedergeburt auf vielfältige Weise mit anderen verbunden ist, kann man sich an ihrem Erfolg mitfreuen und dadurch die eigenen weltlichen Verhaftungen lösen. Nehmen wir ein einfaches Beispiel: Angenommen, man hat nach langer Suche endlich einen Parkplatz gesichtet, aber bis man dort ist, hat ihn schon ein anderer weggeschnappt.

Warum sich jetzt sinnlos über das Verlieren aufregen? Es bringt wenig, zu schimpfen: »He, du Arschloch, du hast mir den Parkplatz weggeschnappt!« Dieser andere freut sich: »Ich habe einen Parkplatz gefunden!« Warum sich nicht mit ihm darüber freuen? Jammern brächte die Parklücke auch nicht zurück. Man hat ja nicht einmal auf sie verzichtet; man hat sie nur gesehen, und als man mit dem Wagen dort war, war ein anderer schneller gewesen. Warum also sich nicht mit ihm darüber freuen? Man hat nichts zu verlieren. Man ist zunächst frustriert, weil einem die Freude darüber, einen Parkplatz gefunden zu haben, zunichte gemacht wurde, aber man macht sich noch unglücklicher, wenn man sich über etwas aufregt, was auf lange Sicht wirklich eine Kleinigkeit ist. Versuchen Sie es; beobachten Sie, was Sie dabei empfinden.

Auch wenn es anfänglich so aussieht, als brächte uns die Gleichmutsübung in die Verliererposition, ist doch das Gegenteil der Fall. Sie lässt uns gewinnen und macht uns klug. Man begreift schließlich, dass die eigentliche Niederlage darin besteht, nicht anzuerkennen, dass jeder Glück ersehnt und frei sein will von Leid.

Obwohl die Gleichmutsübung unsere Ähnlichkeit anspricht und ein Gefühl von Verbundenheit weckt, bedeutet das nicht, dass man über das grundsätzliche Streben hinaus nach weiteren Qualitäten bei anderen sucht. Wie soll man zum Beispiel mit einem Massenmörder umgehen? Wird man sagen: »Er hat ein Redetalent«? Und wenn ja, entschuldigt das alle seine Fehler? »Ach ja, seine Fehler. Er hat unglaublich viele Menschen getötet, aber er hat ein Redetalent. Und er ist so nett bei Tisch, also ich mag ihn.« Niemals! Man muss nicht nach etwaigen Sympathien Ausschau halten. Anzuerkennen ist nur, dass er ein Lebewesen ist, sich nach Glück sehnt und frei sein will von Leid. *Das* genügt. Man muss sich im Klaren darüber sein, dass die Anerkennung dieser Tatsache genügt und man keineswegs durch die Hervorhebung positiver Seiten die negativen überspielen muss.

Das ist nicht einfach. Ich wohnte einmal in der 14th Street in Charlottesville am Fuß eines Berges, und der Verkehrslärm war groß. Die ständig vorbeisausenden Autos störten mich beim Meditieren. Ich hatte es satt. Nach einer Weile dachte ich immer: »Warum zum Teufel muss ständig jeder in der Weltgeschichte herumfahren?« Aber dann dachte ich: »Da ist ein Lebewesen unterwegs. Und wieder eines. Toll!« Das war ein sehr viel angenehmerer Gedanke.

Mit einem Wort, sollte es Ihnen schwer fallen, anzuerkennen, dass ein bestimmter Mensch Ihnen in seinem grundlegenden Streben nach Glück gleicht, könnten Sie an die acht unfreien Zustände denken und sich vorstellen, wie das Leben wohl wäre, wenn Sie sich über Ihre Vorlieben und Abneigungen, über Gewinn und Verlust, Lob und Tadel, Ruhm und Schande nicht *gar so* viele Sorgen machen würden.

Zusammenfassung der Gleichmutsübung

Wer jeden Menschen lieben und Mitgefühl mit ihm haben will, muss erst lernen, sich mit allen Menschen durch die meditative Entfaltung des Gleichmuts gleichzustellen. Andernfalls wird man nur seine Freunde und vielleicht ein wenig noch neutrale Personen lieben lernen, doch selbst kleinere Feinde blieben ein riesiges Problem. Folglich muss man sich zuallererst Freunde, neutrale Personen und Feinde in ihrer Gleichheit mit einem selbst bewusst machen.

Das geschieht auf zwei Wegen: Erstens gibt man die strenge Klassifizierung von Menschen auf, indem man zuerst in Bezug auf Freunde, dann auf neutrale Personen und schließlich auf Feinde bedenkt:

Genauso wie ich Glück ersehne und frei sein will von Leid, ersehnt auch dieser Freund Glück und will frei sein von Leid, und genauso ersehnt diese neutrale Person Glück und will frei sein von Leid. Und genauso ersehnt dieser Feind Glück und will frei sein von Leid.

Zweitens denkt man über seine Beziehungen zu anderen im Verlauf vieler Leben nach, wobei man mit neutralen Personen beginnt, dann zu den Freunden übergeht und schließlich zu den Feinden. Ein momentaner Feind möchte einen zugrunde richten, aber war er schon zeit unseres Lebens unser Feind? Nein. Wer nicht an die Wiedergeburt glaubt, spiele mit dem Wiedergeburtsgedanken! Nützen Sie die Wiedergeburtsperspektive, um gedanklich flexibler zu werden.

Folgende beiden Techniken sind gleichermaßen geeignet:
- Man betrachtet seine Ähnlichkeit mit anderen, was das grundlegende Streben nach Glück angeht und den Wunsch, sich von Leiden zu befreien.
- Man betrachtet, wie sich Beziehungen im Laufe vieler Leben wandeln.

Diese Übungen machen schrittweise klar, dass niemand ausschließlich unter eine dieser Kategorien fällt, und sie verstärken sich, wenn sie kombiniert werden. So wird die starre Einteilung der Wesen überwunden und ein Feld geebnet, in das dann die Saat des Mitgefühls gesät wird. Der Vorgang wird auch mit dem Glätten einer Wand verglichen, auf die dann das Bild des Mitgefühls gemalt werden kann. Ohne diese Übungen wird man weiterhin bestimmte Mitmenschen nur als Feinde behandeln.

Solange man nicht zugibt, dass man bestimmte Menschen als grundlegend böse eingestuft hat, und dies nicht rückgängig macht, werden sie später dem universalen Mitgefühl im Wege stehen, da sie außerhalb der eigenen Sphäre bleiben. Bringen Sie sie in diese Sphäre, indem Sie sich bewusst machen, dass auch diese Menschen Glück ersehnen und frei sein wollen von Leid, genauso wie Ihr bester Freund Glück ersehnt und frei sein will von Leid. Das hat eine starke Wirkung.

Welche Gleichmutsübung liegt Ihnen mehr? Die erste Betrachtung:

> Genauso wie ich Glück ersehne und frei sein will von Leid, ersehnt auch Lisa Glück und will frei sein von Leid.

Oder die zweite Betrachtung:

> Lisa ist mir im Laufe vieler Leben schon oft Freundin, neutrale Person und Feindin gewesen.

Ich übe mit beiden, denn sie helfen mir auf unterschiedliche Weise weiter.

Gehen Sie auf diese Weise alle Menschen durch, mit denen Sie jemals in Verbindung standen. Nachdem ich das mehrere Monate lang getan hatte, musste ich auf Anordnung meines

Lehrers, des Meisters Geshe Wangyal, einmal eine ganze Nacht lang aufbleiben und diese Übung machen.

Und wie schon gesagt, denken Sie am Ende der Meditation daran, das daraus entstandene Verdienst dem Wohl vieler verschiedener Wesen zu widmen. Das führt aus der Paranoia heraus und erlaubt uns, mit verhassten Feinden ins Reine zu kommen. Es gibt nichts Wirksameres, als sein spirituelles Verdienst solchen starken, aber unwissenden Menschen zu widmen: Möge es ihrer Erleuchtung dienen.

Jetzt, da Sie Gleichmut sowie einige unterstützende Meditationen geübt haben, können Sie von dieser soliden Grundlage aus an die weiteren Meditationen herangehen, die zum Mitgefühl führen. Sie werden in den nächsten Kapiteln erklärt.

Zweiter Schritt

Freunde wieder-erkennen

Kapitel 7

Jeden als Freund betrachten

Meditation: Nähe üben, ein Appell an den Gemeinsinn

Wie sollen wir mit fühlenden Menschen umgehen? Wenn sie alle seit ewigen Zeiten in allen möglichen Beziehungen zu uns gestanden haben (denn die Zeit hat im Buddhismus keinen Anfang), sollten wir sie dann als Feinde betrachten? Tatsächlich war jeder schon einmal unser Feind – jemand, der liebend gerne gesehen hätte, wie man stolpert, die Treppe hinunterstürzt und sich ein Bein bricht. Geshe Wangyal hat gesagt, diese Einstellung habe nur den Haken, dass man dann alle Leute umbringen müsste. Keine leichte Aufgabe. Aber jeder ist auch einmal eine neutrale Person gewesen, wie die vielen Menschen, denen man auf der Straße begegnet; auch wenn man vielleicht einige Gesichter erkennt, besteht doch sonst keine weitere Verbindung. Es sind einfach Menschen, die ihren eigenen Verrichtungen nachgehen, und man sieht sie vielleicht öfter einmal, aber es meldet sich weder Verlangen noch Hass dabei. Sollten sie uns gleichgültig sein? Oder sollten wir ihnen freundlich begegnen?

Der bekannte tibetische Lama Pa-bong-ka gab Anfang des 20. Jahrhunderts eine sehr treffende Antwort darauf. Sie betrifft kein abstraktes Prinzip, sondern den realen Gemeinsinn. Mit anderen Worten: Wenn ein enger Freund einen im

Affekt mit dem Messer bedrohte, würde man versuchen, ihm mit allen Mitteln das Messer zu entwenden und ihn zur Vernunft zu bringen. Doch würde man ihm nach überstandener Gefahr, wenn das Messer in Sicherheit gebracht ist, nicht den Schädel einschlagen.

Pa-bong-ka selbst nannte als Beispiel die Mutter: Wenn die eigene Mutter einen im Affekt mit einem Messer angriffe, würde man ihr das Messer entwenden, doch sie danach nicht zusammenschlagen. Er will damit sagen: Die innige Verbindung entscheidet. Warum tut ein Freund so etwas Schreckliches? Warum attackiert einen die eigene Mutter? Weil ein irregeleiteter Affekt zu einer destruktiven Einstellung im Geist desjenigen geführt hat.

Was würden Sie tatsächlich tun, wenn Ihr bester Freund verrückt würde und Sie mit einem Messer umbringen wollte? Sie würden Ihren Freund zu entwaffnen versuchen, ihn darauf aber sicherlich nicht zusammenschlagen. Sie würden zu allen Mitteln greifen, um den Angreifer zu entwaffnen – ja vielleicht müssten Sie ihn schlagen, um ihn zu entwaffnen, aber sobald Sie ihn entwaffnet hätten, würden Sie ihm keinen weiteren Schaden zufügen. Warum? Weil Sie ihm eng verbunden sind.

Läge Ihnen an jedem Wesen im Universum genauso viel wie an Ihrem besten Freund, würden Sie nicht mit Hass reagieren, wenn Sie sich von irgendjemandem im Affekt angegriffen sähen. Sie würden sich der Situation angemessen verhalten, aber Sie würden nicht auf Rache sinnen und dem anderen nicht aus purem Hass schaden. Dafür hätten Sie ihn zu gern.

Deshalb nehmen sich die Buddhisten in der Mitgefühlspraxis für ihre Einstellung allen Wesen gegenüber keine neutrale Person zum Beispiel, sondern den liebsten Menschen, den sie jeweils kennen. Das, was man für seinen besten Freund empfindet, sollte man idealerweise für alle Wesen empfinden. Man muss die Polizistin an der Straßenecke deshalb nicht gleich umarmen. Aber man kann sie, so wie alle Wesen, innerlich wie den besten Freund wertschätzen.

Da einem jedes Wesen in der Vergangenheit einmal nahe stand, hat man guten Grund, diese Verbundenheit ernst zu nehmen. Auch das spricht – neben der Ähnlichkeit zwischen einem selbst und den anderen – mehr dafür, allen gegenüber Liebe und Mitgefühl zu entfalten, als ihnen mit Hass und Abstand zu begegnen. Es genügt nicht, sich das Leid der Lebewesen anzuschauen. Man muss auch ein Gefühl enger Zusammengehörigkeit entwickeln, ein Gefühl, dass einem alle Wesen lieb und teuer sind. Nur in dieser Verbindung – dass man Wesen leiden sieht und sie für lieb und teuer hält – lässt sich Mitgefühl entfalten. Nachdem Sie also Ihre Einstellung zu Freunden, Feinden und neutralen Personen bewusst dahingehend verändert haben, dass Sie sie alle mit Gleichmut betrachten können, sollten Sie nun jedes Wesen als Freund betrachten, *spüren,* dass sie Ihnen alle sehr nahe stehen.

Rufen Sie sich in der Meditation einzelne Menschen in Erinnerung, beginnend mit Ihren Freunden. Betrachten Sie, wie sehr Sie sich Ihrem besten Freund oder Ihrer besten Freundin verbunden fühlen – indem Sie sich beispielsweise bewusst machen, wie Sie reagieren würden, wenn er oder sie krank wäre und Ihre Hilfe bräuchte. Sicher wären Sie sehr hilfsbereit. Dieses Gefühl der Nähe und natürliche Hilfsbereitschaft dehnen Sie dann auf andere Wesen aus.

Zunächst muss man sich klar darüber werden, dass einem im Laufe unzähliger Leben alle Mitmenschen unzählige

Male Freund, Feind und neutrale Personen waren, oder man muss zumindest erkannt haben, dass sich nicht mit Sicherheit sagen lässt, jemand wäre noch nie ein Freund gewesen oder noch nie ein Feind oder noch nie eine neutrale Person. Dann erst kann man anfangen, jeden als Freund anzusehen.

Für die Wertschätzung der eigenen Person bedarf es gewöhnlich keiner bewussten Anstrengung. Man hält viel auf sich. Tut einem etwas weh, will man den Schmerz ohne große Umschweife loswerden. Was schwer fällt, ist die Wertschätzung anderer. Sie muss geübt werden. *Meditieren Sie folgendermaßen:*

1. **Rufen Sie sich eine Person in Erinnerung, die Sie sehr gern mögen, und stellen Sie sich dann eine für Sie neutrale Person vor. Wechseln Sie zwischen beiden Vorstellungen, bis Sie die neutrale Person genauso schätzen wie den Freund.**
2. **Stellen Sie sich dann nacheinander mehrere für Sie gleichgültige Menschen im gleichen Wechselspiel vor, bis Sie jeden genauso schätzen wie den besten Freund.**
3. **Wenn Ihnen die ersten beiden Schritte keine Schwierigkeiten mehr machen, können Sie die Meditation auf Feinde erweitern.**

Mich erschüttert es wesentlich mehr, mir meine Freunde als ehemalige Feinde vorzustellen denn meine Feinde als ehemalige Freunde. Mag es einem auch noch so schwer fallen, sich einen verhassten Feind als engen Freund aus dem vergangenen Leben vorzustellen, ist es doch noch niederschmetternder, seinen engen Freund als ehemaligen Feind zu sehen. Aber auch bezüglich neutraler Menschen ist es schockierend, eine ganz neue Perspektive einzunehmen und sich vorzustellen: »Vor zwei Leben waren wir enge Freunde, und jetzt haben sich unsere Wege derart getrennt, dass wir uns nicht einmal kennen und uns ganz gleichgültig sind.«

Ist es eine Hilfe, wenn man seine Praxis auf Vorstellungen vergangener Leben stützt und solche Entgegensetzungen annimmt? Ich finde schon, doch ist die Einstellungsänderung keine leichte Sache, da man entweder an die Wiedergeburt glauben oder sich zumindest gedanklich voll auf sie einlassen muss. Trotzdem ist beides eine große Stütze, wohingegen der Appell an ein abstraktes Prinzip oder die Behauptung, dass es der Buddha so gesagt hat, erfahrungsgemäß nur kurz vorhalten würde und im Grunde nichts bewirken kann.

Die andere Methode – die nicht auf die Wiedergeburt eingeht – beruht einfach nur auf der Anerkennung, dass alle Lebewesen gleichermaßen nach Glück streben und frei sein wollen von Leid. Und ebenso wie es für mich ein lohnendes Ziel ist, ist es auch für andere ein lohnendes Ziel, glücklich zu sein. Die Bewusstmachung dieser grundlegenden Gleichheit bringt uns einander nahe. Tsongkhapa, ein berühmter tibetischer Meister, der Mitte des 14. bis Anfang des 15. Jahrhunderts gelebt hat, sagt, um Mitgefühl entfalten zu können, müsse man die Lebewesen in ihrem Leid wahrnehmen *und* sich ihnen verbunden fühlen. Sonst würde man schadenfroh bei der Betrachtung ihres Leides. Über die Leberkrankheit der Feindin Soundso dächte man dann etwa: »Das geschieht ihr recht.«

Um anderen Wesen mit Güte und Mitgefühl zu begegnen, genügt es also nicht, sich nur ihr Leid oder dessen Ursachen bewusst zu machen, denn man kann sich am Leid eines anderen erfreuen, besonders wenn es ein Feind ist. »Soll er doch überfahren werden!« Solche Gedanken beruhen auf mangelnder Verbundenheit. Also darf man nicht nur das tiefe Leid der Wesen wahrnehmen, sondern man muss ihnen auch sein *Herz* schenken.

Kurz gesagt, damit sich umfassendes Mitgefühl entfaltet, genügt es nicht, nur das Leid der Wesen wahrzunehmen, man muss ihnen auch sehr nahe stehen. Diese Verbundenheit entsteht entweder nur durch die Betrachtung, dass alle Wesen gleichermaßen nach Glück streben und frei sein wollen von Leid, oder nur durch das Nachdenken über die Folgen der Wiedergeburt, oder durch beides, wobei beide Techniken einander verstärken. Ausgangspunkt ist jeweils die eigene Erfahrung, von der aus auf die Erfahrung anderer geschlossen wird.

Die drei Arten des Leidens

Um zu verstehen, wie die Lebewesen leiden, muss man über die verschiedenen Ebenen des Leidens nachdenken. Es fällt leicht, Mitleid mit den Armen zu haben. Bei den Reichen hingegen tut man sich schwer, weil man dem Leid gegenüber zu kurzsichtig ist. Denn für die Reichen gilt zumindest eines, sie laufen Gefahr, wieder arm zu werden. In unzähligen früheren Leben haben sie Dinge getan und Neigungen entwickelt, die, sobald sie einmal aktiviert sind, zu einem Leben in Armut führen werden. Langfristig gesehen, gibt es also nicht einmal in diesem Punkt Unterschiede zwischen uns. Von der Tatsache, dass wir alle einem Prozess unterliegen, der sich unserer Kontrolle entzieht, einmal ganz zu schweigen.

Unser Mitgefühl und unsere Fähigkeit, Leid wahrzunehmen, schwankt allzu oft je nach Situation. Wir haben für die Intelligenten, gut Aussehenden und Schönen, die Reichen, Gesunden und Glücklichen weniger Mitgefühl. Selbst unter den Armen macht man Unterschiede, denn dort hat man eher Mitleid mit denjenigen, die arm und hübsch sind, als mit denjenigen, die arm sind und nicht gut aussehen. Und noch weniger Mitleid hat man mit jenen Armen, die einem übel wollen und den Tod an den Hals wünschen. Richtig? Oder mit Bettlern, die ihre eigenen Kinder verstümmeln, damit sie beim Betteln mehr Mitleid erregen. Hier fällt das Mitgefühl sehr schwer. Aber natürlich verdienen gerade sie Mitleid, weil sie so tief gesunken sind.

Was sind also die drei Arten des Leidens?

1. Die erste Art des Leidens ist der Schmerz in allen körperlichen und seelischen Formen. Er ist offensichtlich, aber nicht alle sind dauernd davon betroffen.
2. Die zweite Art des Leidens ist das Erleiden von Veränderung. Die Formen dieses Leidens sind schwerer als schmerzvoll zu erkennen als die der ersten Art. Das Leiden der Veränderung betrifft zum Beispiel das einfache Glück des Vergnügens – das deshalb leidvoll ist, weil es in Schmerzen umschlagen kann. Echte Freude, egal wie lange sie währt, wird immer freudvoll bleiben. Wenn sie aber nicht völlig reiner Natur ist, schlägt sie in Leid um. Man hat zum Beispiel Appetit auf Pizza und isst welche. Zunächst bereitet das einem Genuss, aber wenn man immer weiter isst, wird plötzlich der Genuss in Übelkeit umschlagen. Das Leiden der Veränderung bezieht sich auf solche einfachen Erfahrungen. Gewöhnlicher Sex gehört auch dazu, weil er, wenn

er zu lange ausgeübt wird, auch zum schmerzhaften Empfinden von etwas zunächst Freudvollem führt. Das soll nicht heißen, dass es dasselbe ist, ob man Schmerz empfindet oder Freude. Aber wenn man von einer anderen Perspektive aus auf den gesamten Prozess schaut, erscheint dieser nicht mehr als nur erfreulich, sondern als wechselhaft und leidvoll. Oft denkt man: »Wie schön wäre es, wenn ich das hätte!« Und wenn man es dann hat, erweist es sich schnell als Katastrophe. Wenn etwas wirklich Freude bereitet, warum bereitet es dann nicht dauernd Freude? Warum manchmal und manchmal nicht? Eine Krankenhauspatientin, die an einer schweren Darmkrankheit leidet, wird an einem attraktiven Mann kaum interessiert sein und umgekehrt. Und wenn die Sachen, die wir kaufen, tatsächlich die reine Freude wären, wie wir es erwarten, warum sind wir dann nicht mit ihnen zufrieden und begnügen uns mit wenigem? Wir müssten dann nicht Woche für Woche neue Dinge kaufen gehen. Das ist das Leiden der Veränderung.

3 Die dritte Art des Leidens ist das grundlegende, alles durchdringende Leiden an der Fremdbestimmtheit. Es zu erkennen ist ein großer Schritt. Wir haben unsere Psyche und unseren Körper nicht völlig in der Hand. Normalerweise denken wir nicht weiter an diese Tatsache. Man will glücklich sein. Also versucht man sich mit allen Mitteln in Situationen zu bringen, in denen man diese wesentliche Einschränkung vergisst. Ein guter Freund von mir, der Leiter des Institutes für Buddhistische Studien an der Universität Wisconsin, ging eines Tages in seinen Keller, um den Gasboiler anzumachen. Aber es war Gas ausgetreten, das explodierte, als er das Streichholz anzündete. Der Keller

des kleinen Hauses, das er vorübergehend bewohnte, war aus Zementsteinen gemauert. Ich sah später ein Foto des Kellers. Die Explosion hatte eine ganze Reihe Zementsteine herausgedrückt. Er war ein kräftiger Mann. Er konnte noch die Treppe hinaufgehen, aber er starb nach einem Monat. Das Geschehene war kaum begreiflich; er war so stark gewesen. Man musste mit ihm einer Meinung sein oder gegen ihn kämpfen – er zog den Kampf vor. Man hatte das Gefühl, dass er ein Buch lesen konnte, ohne es aufzuschlagen, weil weißes Licht die Seiten durchdrang. Man dachte: »Was hätte ihn aufhalten können?« Darin besteht das alles durchdringende Leiden der Fremdbestimmtheit – dass man einem Prozess unterliegt, den man nicht in der Hand hat.

Wenn Buddhisten an das Leid der Lebewesen denken, haben sie also erstens körperliche und seelische Schmerzen vor Augen, zweitens sehen sie, dass das normale menschliche Glück eine Art von Leid darstellt, und drittens wissen sie, dass das individuelle Leben fremdbestimmt ist. Jedes Lebewesen unterliegt dem Leiden; alle leiden unter der letzten Art; und die meisten leiden auch unter den beiden ersten Arten.

Meditation: In allen den Herzensfreund bzw. die Herzensfreundin sehen

Wer ist Ihr bester Freund bzw. Ihre beste Freundin? Stellen Sie das fest und fragen Sie sich dann, wer Ihr zweitbester Freund bzw. Ihre zweitbeste Freundin ist. Stellen Sie sich vor, dass er/sie in einem früheren Leben einmal Ihr bester

Freund bzw. Ihre beste Freundin gewesen ist. Gehen Sie auf diese Weise nacheinander alle Freunde durch, und stellen Sie sich dabei vor, dass jeder von ihnen einmal, vielleicht sogar mehrere Male Ihr bester Freund gewesen ist. Gehen Sie dann die Ihnen gleichgültigen Menschen durch, dann die kleineren Feinde und schließlich die Erzfeinde. Man arbeitet sich bei dieser Übung deshalb von den Freunden über neutrale Personen zu den Feinden vor, weil man dadurch lernt, sein freundschaftliches Empfinden auf hoher Stufe aufrechtzuerhalten. Nähme man sich gleich einen Feind vor, wäre das freundschaftliche Empfinden sehr gering, wenn es überhaupt zustande käme; man würde sich dabei meistens selbst betrügen, weil man nichts hätte, an dem man seine Vorstellung von einem Freund messen könnte, weil man nicht wüsste, wie lange man weiter meditieren sollte, und nichts einen zu einer Vertiefung der Erfahrung vorantriebe. Man gäbe sich dann etwa mit der oberflächlichen Aussage zufrieden, dass der momentane Erzfeind vor fünf Leben der beste Freund gewesen wäre, und ginge dann zum nächsten Thema über.

Beginnt man aber mit seinem zweitbesten Freund und stellt sich ihn als besten Freund vor, lässt sich dabei ein sehr deutliches Gefühl ihrer Gleichheit als Freunde wecken. Dieses Gefühl kann man durch die Vorstellung geeigneter Szenen vertiefen, etwa indem man an einen sehr guten Freund denkt, den man seit 20 Jahren nicht gesehen hat.

Meditieren Sie: »Obwohl wir uns 20 Jahre nicht gesehen haben, denken wir trotzdem voller Zuneigung aneinander. Dieselbe Zuneigung empfinde ich für diesen anderen Freund, der mir jetzt zwar nicht so nahe steht, mit mir aber in einem früheren Leben eng befreundet war. Setzen Sie ähnliche Überlegungen fort, indem Sie auf Details Ihrer jetzigen besten Freundschaft eingehen und die Empfindungen auf den weniger guten Freund übertragen, bis Sie eine Gefühlsveränderung wahrnehmen. Sie werden das neue Gefühl nicht übersehen können – aufgrund seiner lebendigen Frische. Bleiben Sie eine Weile bei dem neuen Gefühl; gehen Sie nicht gleich zu Freund Nummer drei über. Genießen Sie die neue Erfahrung.

Zur Wiederholung: **Meditieren Sie folgendermaßen: »Ich mochte Freund Nummer zwei einmal so sehr wie den guten alten Tom; vor drei Leben waren wir einmal ebenso enge Freunde.«** Gehen Sie tief in Ihre Empfindung hinein und nehmen Sie sie bewusst wahr.

Kann man seinen Lama oder Guru als Beispiel für den Herzensfreund heranziehen? Der Guru ist in vieler Hinsicht ein sehr guter Freund, aber das ist nicht die Art von Freund, die für die Übung geeignet ist. Die Tibeter verwenden ihre Mutter als Herzensfreundin. Das funktioniert unter unseren kulturellen Voraussetzungen allerdings weniger, weil das Elternverhältnis oft schwierig ist. Nähme man die Mutter oder den Vater trotzdem als Beispiel für den Herzensfreund oder die Herzensfreundin, übte man den Menschen gegenüber in Wirklichkeit ein feindliches Verhalten ein. Nehmen Sie also lieber wirklich Ihren besten Freund bzw. Ihre beste Freundin.

Es mag egoistisch erscheinen, den besten Freund oder sogar einen Elternteil als Beispiel für alle Lebewesen zu nehmen, nur weil diese Person einem geholfen hat. Es mag auch oberflächlich erscheinen, über die Güte dieser Person zu meditieren, denn die Güte der Mutter oder eines Freundes beruht ja oft nur auf Anhänglichkeit. Es ist etwas Falsches daran. Eine Mutter hängt meistens unglaublich an ihren Kindern; wird eines von ihnen angegriffen, verhält sie sich wie eine Bärin und weist die anderen Kinder zurecht; ärgert aber das eigene Kind ein anderes, regt sie sich wesentlich weniger auf. Vielleicht schilt sie ihr Kind, aber sie empfindet ihm gegenüber anders, lobt es vielleicht sogar wegen seines Mutes.

Hier aber wird nicht der Aspekt der Anhänglichkeit, sondern derjenige der Nähe betont. Die zugrunde liegende Idee ist die, dass zwischen Ihnen und Ihrem besten Freund bzw. Ihrer besten Freundin oder Ihrer Mutter eine enge Verbindung besteht. Die Tibeter bevorzugen deshalb die Mutter als Herzensfreundin, weil sie eine enge frühkindliche Schlüsselerfahrung für uns darstellt. Wer selbst Kinder hat oder Menschen mit Kindern beobachtet hat, weiß, wie sehr ein Kind an seiner Mutter hängt – ihren Schutz, ihre bedingungslose Liebe und Wärme in Anspruch nimmt. Man erinnere sich nur, wie Kinder zur Mutter laufen und sich an ihren Beinen festzuhalten pflegen. In der Pubertät beginnt man gewöhnlich, dieses Gefühl zu vergessen, zu verdrängen oder abzuwandeln, aber um zu einem wirklich tiefen Empfinden für alle Lebewesen zu kommen, muss man es wieder wachrufen.

Ich persönlich hatte ab etwa zwölf Jahren mit meiner Mutter sehr große Schwierigkeiten und nahm deshalb jemand anderen als Herzensfreund zum Vorbild. Sie kam in der Meditation in der Gruppe der Feinde an die Reihe, nicht als eine Erzfeindin, aber doch ziemlich weit unten. Als ich mir sie als meine Herzensfreundin in einem früheren Leben vorstellte – nachdem ich mein freundschaftliches Empfinden vielen Freunden, neutralen Personen und kleineren Feinden gegenüber geschult hatte –, erwachte schließlich mein frühkindliches Empfinden zu ihr, und plötzlich rangierte sie unter meinen besten Freunden. Manchmal fiel sie auch wieder in die Gruppe der Feinde zurück.

Sich die Mutter als Herzensfreundin zum Vorbild zu nehmen, wie dies die Tibeter tun, ist also eine psychologische Herausforderung. Schließlich ist die Mutter der erste andere Mensch in unserem Leben, das erste »Du«, und viele unserer Beziehungen sind Abwandlungen dieser Urbeziehung, ob man es will oder nicht. Es ist also eine sehr tief gehende Erfahrung, wenn man *schließlich* die Mutter zum Vorbild nimmt. Es sind sehr positive Gefühle mit ihr verbunden, und solange man diese nicht freisetzt, ist mit diesen positiven Gefühlen auch das Mitgefühl blockiert. Und die Liebe zu unserer Mutter ist enorm.

Man sollte sich die Mutter nie aus Pflichtgefühl als Herzensfreundin zum Vorbild nehmen, aber es empfiehlt sich, für positive frühkindliche Gefühle offen zu sein. Meine Erfahrung hat mir gezeigt, dass diese kindliche Liebe, sobald sie wieder erwacht ist, leicht über spätere entgegengesetzte Gefühle siegt, weil sie unglaublich tief wurzelt.

Es ist interessant, dass man sich von anderen meist ein erstarrtes Bild macht. Man greift einige Aspekte ihrer Persönlichkeit heraus, überzeichnet sie und legt sie darauf fest. Dadurch schließt man jede spontane Herzlichkeit aus, und die Beziehung wird steril. Man drängt dem anderen förmlich die von ihm erwartete Verhaltensweise auf: »Er ist immer so …« Aber wenn man bewusst empfindet: »Vor zwei Leben war dieser Mensch mein bester Freund«, eröffnen sich ganz neue Möglichkeiten. So kann man zum Beispiel seine festgefahrene Meinung von Kollegen oder Kolleginnen etc. überwinden: »Sie war früher eine großartige Freundin. Ich bezweifle zwar, dass sie in diesem Leben meine beste Freundin werden wird, doch ist das kein Grund, sie auf das Bild festzulegen, das ich mir einmal von ihr gemacht habe.« Das eröffnet ein weites Feld der Möglichkeiten.

Dadurch dass man, so wie hier beschrieben, sich in der Meditation alle zum Herzensfreund macht, lockert man seine stereotypen Erwartungshaltungen auf. Man wird wesentlich flexibler. Die Übung ermöglicht vielfältige Beziehungen zu anderen. Wie wäre es für unsere Mitmenschen, wenn wir sie nicht mehr stereotyp behandelten, sondern ihnen innerlich offen gegenüberträten? Wenn wir ihnen innig verbunden wären in bedingungsloser Liebe – wenn man das Gefühl hätte: »Oh, ich begegne meinem besten Freund« – wie, glauben Sie, würden die anderen darauf reagieren? Was geschähe, wenn man den Fremden, die man beim Einkaufen trifft, die gleiche Wertschätzung entgegenbrächte wie dem besten Freund? Es sähe dann wesentlich freundlicher aus in der Welt, und alle profitierten von der größeren zwischenmenschlichen Flexibilität und Wärme.

Vor kurzem erinnerte ich mich an einen unangenehmen Zwischenfall mit meiner Mutter. Ich war während meines ersten Studienjahres daheim zu Besuch und erzählte meiner Mutter begeistert von den Kursen, die ich in Psychologie, Anthropologie sowie in englischer und amerikanischer Literatur belegt hatte. Und obwohl sie selbst intellektuell aktiv war, wehrte sie meine intellektuelle Begeisterung heftig ab, weil es sie ärgerte, dass sie selbst das College nicht besucht hatte. Ähnliches hatte ich schon in der Grundschule erlebt: Immer wenn ich nach Hause kam und ihr vom Unterricht erzählte, begann sie mich heftig zu kritisieren, bis ich schließlich den Mund hielt. So erging sie sich auch jetzt in Beschimpfungen. Das Ende vom Lied war, dass wir uns durchs ganze Haus anbrüllten – sie war in der Küche und ich im Wohnzimmer auf dem hellblauen Schaukelstuhl, den sie angestrichen und mit einem Muster verziert hatte. Damals wäre ich am liebsten aufgestanden und mit dem Bus ins College zurückgefahren, aber ich schaffte es nicht; ich blieb sitzen und schrie mir die Seele aus dem Leib. Ich habe mich oft gefragt: »Wie wäre mein Leben verlaufen, wenn ich einfach aufgestanden und mit dem Bus ins College zurückgefahren wäre?«

Dasselbe fragte ich mich wieder, als mir neulich diese Erinnerung kam. Da fiel mir plötzlich ein, dass ich als derjenige, der da im Schaukelstuhl saß, eigentlich denken sollte: »Genauso wie ich mich nach Glück sehne und frei sein will von Leid, sehnt sich auch Mutter nach Glück und will frei sein von Leid.« Mann, war das eine Erleichterung! Es gab keinen Grund mehr wegzulaufen; ich hörte zu schreien auf, denn plötzlich wurde mir schmerzlich bewusst, wie viel Leid sie sich selbst zufügte – oft brüllte sie selbst noch am Telefon ihre beste Freundin durch den vors Gesicht gehaltenen Hörer an! Das Ausmaß meines Mitgefühls lässt sich nicht beschreiben. Und auch nicht das Gefühl, dass ich aus meinem Gebrüll im Wohnzimmer herausgefunden hatte, ohne mit dem Bus ins College zurückfahren zu müssen. Es war eine Erlösung.

Kapitel 8

Fortschritte machen

Langsam vorgehen

In der vorigen Übung stellten Sie sich vor, dass jedes Wesen in einem früheren Leben Ihnen so nahe stand wie Ihr bester Freund heute: »In einem früheren Leben war dieser Mensch mir genauso lieb und teuer wie mein bester Freund heute.« Sie waren stets füreinander da, und Sie waren offen zueinander. Ihre gegenwärtige Beziehung zu allen Lebewesen ist anders, aber *zumindest ist Ihnen das nun bewusst.* Wenden Sie sich zunächst Ihren besten Freunden zu, sodass Sie ein starkes Empfinden einüben und dieses schließlich auf weniger gute Freunde übertragen können. Gehen Sie dann weiter zu guten Bekannten, und springen Sie nicht gleich zu neutralen Personen oder Feinden über.

Natürlich wird Ihnen in den Sinn kommen: »Ich habe auch noch die neutralen Personen zu berücksichtigen und die Feinde.« Aber seien Sie vorsichtig, was Feinde und neutrale Personen betrifft. Sie würden sich übernehmen. Erst wenn Ihnen die heilsame Erfahrung Freunden gegenüber gut gelingt, sollten Sie zu neutralen Personen übergehen. Schließlich werden Sie in ihnen allen Freunde aus früheren Leben erkennen können. Es kommt vor allem auf das Gefühl der Nähe an, das Sie dabei empfinden.

Versuchen Sie, sich die Freunde jeweils genau vorzustellen. Wenn Ihnen die visuelle Erinnerung schwer fällt, rufen Sie sich das *Gefühl* der Anwesenheit des betreffenden Freundes in Erinnerung. Nach einigen Wochen können Sie dann langsam neutrale Personen in Betracht ziehen. Wenn Sie dieser Gruppe gegenüber das Gefühl der Nähe gut entfalten können, nehmen Sie sich kleinere Feinde vor. Erinnern Sie sich Schritt für Schritt möglichst weit zurück. Je gründlicher Sie sich besinnen, desto mehr Knoten werden gelöst. Denken Sie an Ihre Schulpartys. Langsam werden Sie sich auch an Ihre Grundschulzeit erinnern können. Die Feinde von damals spielen oft eine größere Rolle in unserer Psyche. Das möchte man zunächst nicht glauben, aber wenn man sich dann an den Soundso erinnert, der sich aus irgendeinem Grund über einen lustig gemacht hat, kommt einem plötzlich wieder die erniedrigende Situation mit all ihrem Schmerz in den Sinn.

Die Übung ist schwer, weil man an solchen traumatischen Erfahrungen festhält, aber es geht nicht einfach darum, sie loszulassen. Es geht um ihre Transformation, indem man sich etwa vergegenwärtigt: »Genauso lieb und teuer, wie mir jetzt mein bester Freund ist, war mir in einem früheren Leben auch Lieschen Müller – die wie ich im achten Schuljahr die Klassenbeste sein wollte.«

Mir verpasste in der sechsten Klasse einer meiner Klassenkameraden einmal einen heftigen Kinnhaken, dem ich deswegen immer noch grolle, obwohl er sich dabei die Hand brach. Solange ich ihm grolle – und ihm das mir angetane Unrecht nachtrage –, mache ich mich weiter von diesem Vorfall abhängig. Doch wenn ich ihn als jemand sehe, der einmal mein bester Freund gewesen ist, löst sich meine Fixierung ein gutes Stück weit auf. Damit ich ihn anders sehen kann, muss auch ich mich ändern.

Das kann sehr unangenehm, aber auch befreiend sein. Es dürfte sogar in einem positiven Sinn erschütternd sein, sobald man die feste Einteilung in Freund, Feind und gleichgültige Personen aufgibt. Zwar ändert das nichts an der Tatsache, dass einem jemand in der dritten Klasse absichtlich auf die Hand getreten hat, als man seinen heruntergefallenen Füller wieder aufheben wollte, aber es wird die eigene Einstellung zu dieser Person ändern. Doch weil die Persönlichkeitsstruktur gerade von solchen traumatischen Situationen und unseren Reaktionen darauf beeinflusst wurde, ist diese Einstellungsänderung so schwierig.

Indem Sie die Ihnen bekannten Menschen einen nach dem anderen durchgehen und ihnen gegenüber die Einstellung ändern, erfahren Sie einen Persönlichkeitswandel. Da man nicht immer in gleich guter Verfassung meditiert, sollte man diese Meditation wiederholt durchführen. Nach einiger Zeit wird sie einem zur zweiten Natur und schließlich sogar zur ersten.

Störungen während der Meditation

Es gibt eine tibetische Geschichte über einen Mann, der Geduldsübungen durchführte. Als er nach einer Meditationssitzung aus dem Haus ging, stieß ihn jemand an, und sofort wurde er giftig. Der andere sagte: »Du übst dich nicht in Geduld. Deine Meditation taugt nichts.«

Der Meditierer sprach: »Ich werde mich jetzt so sehr in Geduld üben, dass du staunen wirst.« Er ging in sein Zimmer zurück und setzte seine Geduldsübungen fort. So verging einige Zeit.

Da beschloss einer seiner Meditationsgenossen, der ihm helfen wollte, ihn auf die Probe zu stellen. Er entleerte seinen Darm auf einen Teller und ging, diesen hinter sich haltend, zu dem Meditierer ins Zimmer. Er fragte: »Was tust du?«

Der Meditierer antwortete: »Ich übe mich in Geduld.«

»Geduld in Bezug worauf?«

»Ich möchte nicht mehr giftig werden, egal, wie man mich behandelt.«

»Wie bitte?«

Der Meditierer wiederholte geduldig: »Ich möchte nicht mehr giftig werden, egal, was man mir antut.«

Da stellte ihm der Freund den Teller vor die Nase und sagte: »Dann iss Scheiße.«

Der Meditierer brüllte ihn an: »Iss *du* sie doch!« Sein Freund nahm den Teller und ging in aller Ruhe hinaus.

Das gab dem Meditierer zu denken: »Mein Freund wurde überhaupt nicht böse, aber ich wurde wütend. Vielleicht hat er mich nur auf die Probe gestellt.« Diese Prüfung gab ihm einen Begriff von seiner Ungeduld.

Die Übungen zur Entfaltung des Mitgefühls sind schnell erklärt, aber schwer durchzuführen, weil dabei feste Verhaltens- und Denkmuster aufgebrochen werden. Zum Beispiel könnte bei der Meditation darüber, dass jeder einmal der beste Freund gewesen ist, das Problem auftauchen, dass man drei beste Freunde hat, zwischen denen man sich nicht entscheiden kann. Sollte das der Fall sein, halten Sie sich damit nicht auf. Stellen Sie sich einfach vor, von den dreien sei C wie B und B wie A gewesen. Gehen Sie dann alle Ihre anderen Freunde nacheinander durch bis zum entferntesten.

Konzentrieren Sie sich auf die erstaunliche Einstellungsänderung, die diese Meditation bewirkt; lassen Sie sich nicht durch Rangfragen von der Übung abhalten.

Oder vielleicht finden Sie, dass das starke Empfinden für Ihren besten Freund nachlässt, Ihre Beziehung zu diesem Menschen an Gewicht verliert, Ihre Haltung in ein »Wozu das alles?« umschlägt: »Wenn Freunde einmal Feinde waren und wieder sein werden, dann pfeife ich auf diese Freunde!« Sie könnten das Gefühl für Freundschaft verlieren, statt es zu vertiefen. Also lockern Sie die Maßstäbe für die Klasse der Freunde, tragen Sie dem Wandel der Beziehungen Rechnung. Dadurch kommt Ihnen mehr zu Bewusstsein, dass Beziehungen nicht aus sich heraus existieren, sondern gepflegt werden müssen. Arbeiten Sie in der Meditation daran, dass die engeren Freunde nicht zu entfernteren werden, statt die entfernteren zu engeren.

Oder vielleicht fällt es Ihnen aus irgendwelchen Gründen schwer, die Freunde in einer Reihenfolge zu behalten, vom engsten zum entferntesten. So kann sich diese Reihenfolge einfach im Laufe der Zeit ändern oder auch infolge der Aufmerksamkeit, die Sie den Freunden in der Meditation widmen. Lassen Sie es in diesem Fall sein, die Freunde zu ordnen, und meditieren Sie über sie, so wie sie Ihnen in den Sinn kommen. Aber versuchen Sie sich nicht gleich am schwierigsten Freund.

Oder Sie schweifen vielleicht zu neutralen Personen ab, bevor Sie alle Ihre Freunde durchgegangen sind. In diesem Fall sollten Sie sich korrigieren und denken: »Zuerst die Freunde.« Die Meditation bewirkt mehr, wenn Sie das tun, denn durch die Gleichsetzung zweier Freunde lässt sich eher das Empfinden vertiefen, als wenn man zu neutralen Personen übergeht. Die Erfahrung echter Verbundenheit, über die normalen Grenzen hinaus, ist so weit einzuüben, dass man dieses Gefühl später auch gleichgültigen und kalten Menschen entgegenbringen kann.

Oder Sie stellen vielleicht fest, dass Sie Ihre Meditationszeit dazu benutzen, frühere Erlebnisse zu analysieren. Auch wenn dies viele Einsichten bringen mag, hält es doch von der Durchführung der Übung ab. Wenn man eine bestimmte Tugend übt, heißt es, stört dabei die Übung einer anderen. Nennen Sie die Ablenkung klar beim Namen, aber ärgern Sie sich nicht darüber. Wenn Sie der Ablenkung folgen, halten Sie sich von einer wichtigen Einstellungsänderung ab. Zwar würden Sie tatsächlich einige interessante Einblicke gewinnen, wenn Sie sich mit einer bestimmten Beziehung näher auseinander setzten, aber Sie würden hinsichtlich des übergeordneten Ziels keine Fortschritte machen. Halten Sie Stift und Papier neben Ihrem Meditationsplatz bereit, und wenn diese verführerischen Gedanken auftauchen, notieren Sie sie kurz mit der Anmerkung: »Später darüber nachdenken.« Ansonsten werden Sie sich höchstwahrscheinlich in Ihren Analysen verfangen: »Mann, darüber habe ich schon lange nicht mehr nachgedacht, das ist ja wirklich interessant.« Und die Sitzung hätte kaum einen Wert oder gar keinen mehr. Wenn die Einsichten zu interessant erscheinen, als dass Sie einfach zum Meditationsthema zurückkehren könnten, machen Sie sich die eindeutigen Vorteile der Mitgefühlsentfaltung bewusst und greifen Sie zum Notizbuch; so können Sie auf das andere Thema später eingehen.

Oder Sie staunen darüber, dass jemand in der Liste weiter unten rangiert als früher, und fangen an, sich über die Ursache den Kopf zu zerbrechen. Grübeln Sie nicht nach; machen Sie einfach weiter. Es muss ein gewisses Mittelmaß beim zeitlichen Fortschritt eingehalten werden – man soll die Meditation nicht möglichst schnell vorantreiben, sodass gar keine Gefühle aufkommen können, aber man soll sich auch nicht in den Details einer Situation verlieren.

Oder vielleicht sind Sie von der Vielzahl der Menschen irritiert. Von zehn oder 15 Menschen lässt sich ja jeweils noch denken, dass sie sich nach Glück sehnen und frei sein wollen von Leid. Aber von hunderttausend? Sollte uns die Anzahl schrecken? Nein, aber manchmal tut sie es. Es erfordert Übung, Übung, Übung, bis sie keine Rolle mehr spielt.

Sich neutralen Personen und Feinden zuwenden

Wenn Sie merken, dass Sie sich allen Freunden genauso verbunden fühlen wie Ihrem besten Freund, wenden Sie sich den neutralen Personen zu. Sie werden feststellen, dass es gar nicht so schwer ist, sie mit dem besten Freund gleichzusetzen, vorausgesetzt, Sie haben die Meditation bisher sorgfältig durchgeführt. Manchmal kommt das Empfinden ganz natürlich. Sie werden sehen, dass, je mehr neutrale Personen Sie einbeziehen, Ihre Herzlichkeit immer allgemeiner wird und tiefen Erfahrungen schließlich kein Hindernis mehr im Weg steht.

Mit Hindernissen werden Sie allerdings zu tun haben, wenn Sie sich Ihren Feinden zuwenden – es fällt schwer, in ihnen ehemalige Freunde zu sehen. Führen Sie dann eine Gleichmutsübung durch: »Könnte es nicht sein, dass diese Person sich genauso wie ich nach Glück sehnt und frei sein will von Leid?« »Könnte es nicht sein, dass dieser Mensch, so wie der neutrale Soundso, Glück ersehnt und frei sein will von Leid?« Fragen Sie sich das ehrlich. Sie werden zugeben müssen: »Ja, schon« – und dann achten Sie auf Ihre Reaktion – »aber ich kann diese Person nicht ausstehen.«

Nehmen Sie Ihre Gefühle wahr. Denn sie sollen ja nicht unterdrückt, sondern bewusst gemacht und transformiert werden. Wenn man in Feinden Freunde aus vergangenen Leben sehen lernt, ist das eine hervorragende Methode, um an seinen tief verwurzelten Hass heranzukommen. Normalerweise gibt man diesen nicht zu, weil er zu bedrohlich ist. Man braucht also vor allem Sinn für Humor und Geduld, denn der Weg zum Ziel ist lang. »Egal, bei den neutralen Personen klappt es ja schon prima! Wirklich ein Fortschritt!« Bedenken Sie das. Wenn Sie dies im Alltag umsetzen können und Ihnen eine echte Einstellungsänderung neutralen Personen gegenüber gelingt, ist das fantastisch! Aber auch, wenn es nur in der Meditation gelingt, ist das schon ein Schritt vorwärts. Seien Sie nicht zu streng mit sich; eröffnen Sie sich eine Langzeitperspektive: »Wenn ich dies nach ein paar Jahren im Umgang mit neutralen Personen verwirklichen kann, super!« Das nimmt den Druck. Man ist kein Riesenversager, wenn einem Feinden gegenüber zunächst keine echte Einstellungsänderung gelingt. Nützen Sie die Übung als Möglichkeit, eigene Altlasten aufzudecken.

Gewöhnlich unterscheidet man streng, ob einem jemand absichtlich schaden will oder nicht. Man denkt sich: »Okay, er hat es nicht so gemeint«; oder die Person, die uns verletzt hat, sagt vielleicht: »Warum machst du mir solche Vorwürfe? Ich habe es doch nicht gewollt.« Aber man wird wirklich böse, wenn man erkennt, dass einem andere tatsächlich schaden *wollen*. Wie sollte man sich solchen Menschen verbunden fühlen, sie schätzen können wie den besten Freund?

Wenn man etwas Mitgefühl für diejenigen aufbringen kann, die einem unabsichtlich schaden, ist das schon ein Fortschritt. Aber wenn einem das auch bei Menschen gelingt, die einem tatsächlich schaden wollen, ist das ein großer Erfolg. Natürlich denkt man nicht: »Ein lieber Mensch; er versucht mich auszurauben«, aber man nimmt diese Tatsache nicht als Grund, ihn zu hassen. Man erkennt die Absicht und steckt seine Geldbörse in die vordere Hosentasche. Man ergreift Gegenmaßnahmen, aber das Motiv des anderen veranlasst einen nicht mehr, ihn zu hassen.

Unser Wunsch, jeden zu lieben, und unsere von uns unterdrückten tatsächlichen Einstellungen stehen in Konflikt miteinander. Das ist einfach so. Wir befinden uns seit anfangloser Zeit im Daseinskreislauf, weil wir begehren und hassen, und es erfordert eine Menge Übung, das zu ändern. Gehen Sie es gelassen an. Setzen Sie sich nicht unter Druck, indem Sie Dinge denken wie: »Ach, ich bin verachtenswert, weil ich so sehr hasse.« Versuchen Sie es lieber mit folgender Einstellung: »Es stimmt. So sehr es auch mein Ideal ist, Herrn Soundso zu lieben – oder zumindest neutral zu behandeln –, muss ich zugeben, dass ich es nicht schaffe.« Seien Sie nicht zu streng mit sich selbst.

Behandeln Sie sich selbst eher wie ein Kind. Die bewusste und die unbewusste Haltung stimmen nicht unbedingt überein. Obwohl diese Meditationsübungen gezielt auf die unbewusste Haltung einwirken, geht es oft nur langsam voran.

Kurz gesagt, uns fällt es deshalb so schwer, die Übung auf Feinde auszudehnen, weil wir nur ungern einsehen, wie sehr wir andere hassen und wie sehr wir sie verfluchen. Aber so sind wir. Es ist nicht so, dass wir mit reiner Weste geboren würden. Diese reine Weste ist *ein Ideal,* aber wir sollten lieber sehen, wie sehr sie in Wirklichkeit vor Schmutz starrt. Angesichts der zahllosen Leben im Daseinskreislauf, die wir auf jede erdenkliche Weise gelebt haben und in denen wir auf vielfältigste Weise destruktiv gehandelt haben, ist es nur selbstverständlich, dass wir einen tief sitzenden Hass in uns haben.

Fangen Sie mit den kleineren Feinden an. Die Erzfeinde sind später dran.

Kapitel 9

Andere wertschätzen

Die Lieblingsmeditation des Dalai Lama

Der Dalai Lama schätzt vor allem eine Meditation, in der wir lernen, uns selbst für das Wohl anderer einzusetzen. Sie beruht auf dem Text *Eintritt in das Leben zur Erleuchtung,* den Shantideva, den ein berühmter indischer Yogameister im achten Jahrhundert schrieb. Es geht um eine Gerichtsszene.

1. **Stellen Sie sich in der Meditation folgende Szene vor: Ihr besseres, weises, gelassenes und zuversichtliches Selbst sitzt in der Mitte.**
2. **Rechts von ihm befindet sich Ihr egoistisches Ich: die Person, die nur an sich denkt, die sich vordrängt, um einen besseren Platz, ein größeres Stück Kuchen oder sonst irgendeinen Vorteil zu ergattern. Rufen Sie sich einen kürzlichen Vorfall in Erinnerung oder denken Sie sich ein Beispiel aus, in dem Ihr kleinliches, habgieriges Ich denkt: »Ich, ich, ich«, nicht Ihr normales Ich, sondern dessen niedriges, selbstsüchtiges Zerrbild.**
3. **Auf der linken Seite sitzt ein Gruppe armer, elender Menschen, die von Hunger und Schmerzen geplagt werden.**

In der Mitte sitzt also Ihr weises, gerechtes Selbst. Mit dessen Augen schauen Sie auf Ihr kleinliches, egoistisches Ich, das Sie sich durch eines der folgenden Beispiele lebhaft in Erinnerung rufen:

1. Denken Sie an einen Vorfall, bei dem Sie vor Selbstmitleid vergingen und sich völlig ungerechtfertigt wichtiger als alle anderen genommen haben. Sie waren so sehr von sich eingenommen, dass Sie die Bedürfnisse der anderen völlig übersahen. Das war hässlich und gemein.
2. Oder erinnern Sie sich an eine Situation, in der Sie völlig sinnlos Ihren Zorn an jemandem ausließen.
3. Oder denken Sie an einen Vorfall egoistischen Begehrens: als Sie beim Einkaufen irgendetwas unbedingt haben wollten und völlig von dem Gedanken besessen waren.
4. Oder erinnern Sie sich an einen Anfall von Neid. Es gibt immer jemanden im Bekanntenkreis, der mehr Geld für weniger Arbeit bekommt.

Wenden Sie sich dann den armen, elenden, kranken und hungernden Wesen auf der anderen Seite zu.

Laut Seiner Heiligkeit spricht man nun als weises Selbst in der Mitte: »**Das egoistische Ich einerseits und die armen, elenden Wesen andererseits sehnen sich gleichermaßen nach Glück und wollen frei sein von Leid.**« Und fragt sich dann: »**Wem werde ich helfen? Meinem selbstsüchtigen Ich oder den armen Menschen?**« Stellen Sie sich die Situation genau vor. Als das weise Selbst fragen Sie sich: »**Welcher Seite werde ich beistehen: der selbstsüchtigen Person, die nur auf ihr eigenes Wohl aus ist, oder diesen armen Menschen?**«

Der einzig vernünftige Schluss ist: »**Es gibt nur ein Ich gegenüber zahllosen anderen, die von den fünf oder zehn armen, elenden Wesen repräsentiert werden. Wie könnte das Wohlergehen dieser unendlich viel größeren Gruppe nicht wichtiger sein?**«

Außerhalb dieser vorgestellten Extremsituation erscheint es dem nüchternen Denken anders: Normalerweise hält es die Seite des Ich und die Seite des anderen für kongruent. Das Ich und der andere sind ihm gleiche Einheiten. Erst mit Hilfe dieser Visualisation macht man sich klar, was der »andere« konkret bedeutet, dass er aus einer unendlichen Anzahl individueller Wesen besteht, aus zahllosen Ichs.

Doch selbst innerhalb der vorgestellten Situation könnte man denken, dass die »andere« Seite genauso von Selbstsucht bestimmt ist wie die des Ich und folglich kein qualitativer Unterschied zwischen beiden Seiten besteht. Man könnte geneigt sein, beiden Seiten gleichermaßen helfen zu wollen. Das kleinliche, selbstsüchtige Ich auf diese Weise einzuschließen ist meiner Meinung nach völlig in Ordnung, solange man es nicht mit der Gesamtheit der anderen Seite aufwiegt, die zahlenmäßig weit überlegen ist. Wenn man sich also auf der »anderen« Seite fünf Menschen vorstellt, sollte man im Ich ein Sechstel sehen und nicht die Hälfte.

Oder man stößt sich an dem Gedanken, dass man nur den anderen helfen soll und sich selbst überhaupt nicht. Der einzig gerechte Ausweg besteht meiner Meinung nach darin, dass man schwerpunktmäßig den anderen hilft und den Altruismus zur Grundlage seiner eigenen Läuterung macht. Was es zu überwinden gilt, ist die *Überbewertung* des eigenen Strebens nach Glück. Jeder sehnt sich nach Glück und will frei sein von Leid.

Oder man denkt: »Weil ich das hier alles begreife und es denjenigen erklären kann, die es noch nicht erkannt haben, bin ich tatsächlich wichtiger als sie.« Man tut sich einen Gefallen, wenn man nicht gegen diese Art von Stolz ankämpft, sondern denkt: »Selbst dieses Gefühl des Ausgezeichnetseins dient dem Wohl der anderen.« Sagt man sich dies immer wieder, verschwindet der Stolz, der gewöhnlich dazu dient, Unzulänglichkeiten zu überdecken. Die Überheblichkeit wird hohl und fällt in sich zusammen.

Als ich für den Dalai Lama vor einer großen Zuhörerschaft dolmetschte, beflügelte diese außerordentliche Situation meine Konzentration – die Mitteilung seiner Botschaft hing in diesem Augenblick von mir ab. Ich genoss die Herausforderung, genoss es, eine besondere Höchstleistung zu erbringen, hinter der ich selbst zurücktrat und meine Leistung ganz leicht erscheinen ließ. Ich genoss die besondere Wachheit, die ich brauchte, um mir exakt zu merken, was er fünf Minuten lang auf Tibetisch sagte, genoss die Interaktion mit ihm, wenn er, meinem englischen Vortrag folgend, etwas auf Tibetisch wiederholte, das ich vergessen hatte. Doch merkte ich, dass ich mich nach dem Verlassen des Podiums dorthin zurücksehnte – ins Scheinwerferlicht, in die Atmosphäre gespannter Erwartung. Ich stellte fest, dass ich »bühnensüchtig« wurde. Mir fielen Schauspieler ein, die nur noch auf der Bühne mit sich zurechtgekommen waren, also durfte es so nicht weitergehen. Nach einer Weile fiel mir Folgendes ein: »Mögen diese Gefühle der Besonderheit und so weiter dem Wohl der Zuhörer dienen.« Das sagte ich mir immer und immer wieder, und es funktionierte. Ich sehnte mich nach keinem glänzenden Auftritt mehr, doch nicht, weil ich es mir verbot, sondern weil ich das Hochgefühl dem Wohl der Zuhörer widmete und mir bildlich vorstellte, wie diese Kraft sie körperlich und seelisch nährte. Jede Art von Stolz kann so überwunden werden.

Im Laufe eines Tages gibt es viele Gelegenheiten für kleine Dienste, die man anderen erweisen kann. Etwa dass man für jemanden aus der Meditationsgruppe ein Sitzkissen besorgt, wenn er selbst seins vergessen hat. Mit solchen Aufmerksamkeiten lässt sich viel Freude bereiten. Als der Dalai Lama die Universität von British Columbia besuchte, hatte er ein Treffen mit dem Dekan und einigen Professoren, darunter ein Greis, der nur gekommen war, um Seine Heiligkeit zu sehen. Er war sehr gebrechlich und saß ziemlich weit hinten. Trotzdem versuchte er aufzustehen, als der Dalai Lama den Raum betrat, um ihm seine Reverenz zu erweisen. Wir alle sahen, wie schwer es ihm fiel – dass er nahe daran war umzufallen –, und fühlten von ganzem Herzen mit. Der Dalai Lama war jedoch der Einzige, der zu ihm eilte und ihm unter die Arme griff. Er hatte sich selbst und seine Rolle als Ehrengast in diesem Moment völlig vergessen.

Bei der Aufmerksamkeit und Sorge für andere zählen also Kleinigkeiten, wobei wir ruhig darauf achten können, dass wir unseren Mitmenschen möglichst effektiv helfen. Durch diese Motivation wird das Handeln bedeutsam, ohne egoistisch zu sein. Es lässt sich schwer sagen, wie viel Zeit man seinen Mitmenschen widmen soll. Ist die Grundhaltung jedoch klar und wird sie weiter geübt, löst sie im Alltag viele Probleme.

Meditation: Hilfsbereitschaft ausstrahlen

Wenn man sich einmal seinen Mitmenschen verbunden fühlt, möchte man ihnen helfen. Folgende Visualisationsübung soll die Hilfsbereitschaft fördern. **Stellen Sie sich in der Meditation bildlich vor, wie von Ihrem Herzen Lichtstrahlen ausgehen, Ströme von Ambrosia. Die Strahlen treffen auf andere Wesen und kräftigen sie körperlich und geistig. Und indem dieses nährende Licht, diese wohltuende Substanz ihren Körper, ihr Blut, ihre Knochen, ihre Seele und ihren Geist durchdringt, beseitigt es alle Probleme und stellt das innere Gleichgewicht wieder her.**

Bisher war der Meditationsgegenstand, dass alle Wesen Glück ersehnen und frei sein wollen von Leid. Jetzt, in der zweiten Meditationsstufe, wird diese Einsicht weiter vermittelt. Stellen Sie sich bildlich vor, dass aus Ihrem Herzen Ambrosia zu den anderen strömt und sie direkt zur Erkenntnis dieser grundlegenden Gleichheit aller Wesen befähigt, in ihnen ein Gefühl der Verbundenheit mit allen Wesen weckt. Auch wenn durch die Visualisationspraxis diese Einsicht nicht tatsächlich übertragen werden kann, verstärkt es doch die Wirksamkeit Ihrer Übung, wenn Sie andere durch die Übertragung des Meditationszieles in Ihre Übung mit einbeziehen. Außerdem wird dadurch die psychische Atmosphäre gereinigt.

Das Licht wird oft als fünffarbig beschrieben – weiß, blau, grün, gelb und rot – aber die Fantasie ist damit vielleicht zunächst überfordert. **Beginnen Sie die Meditation einer einzelnen Person gegenüber: Schicken Sie Lichtstrahlen aus Ihrem Herzen, und sobald das Licht in die Person ein-**

strömt, wird diese körperlich und seelisch gekräftigt und in die Lage versetzt zu sehen, dass alle Wesen Glück ersehnen, frei sein wollen von Leid und in vergangenen Leben eng mit Ihnen befreundet gewesen sind. Die Lichtstrahlen nähren in ihr das Gefühl der Verbundenheit mit allen Wesen.

Durch die Vorstellung, dass ambrosisches Licht aus dem eigenen Herzen zu so vielen Wesen strömt, wie man sich nur vorstellen kann – Tiere usw. eingeschlossen –, steigert man das Gefühl der Achtung und Wertschätzung anderer; man entwickelt Gemeinsinn und Hilfsbereitschaft. Wie Nagarjuna in seinem Werk *Ratnāvali* sagt, in einer Zeit, als die Wildnis und die Wälder noch Allgemeingut waren:

Erquickend andere,
wie Erde, Wasser, Feuer, Luft,
Kräuter und Wälder es tun,
und sei es nur für einen Augenblick.

Und am Ende des Textes rät er, sich das Erreichen dieses Ziels dreimal täglich zu wünschen:

Möge ich alle fühlenden Wesen
stets ihren Bedürfnissen gemäß,
und ohne sie zu beeinflussen,
erquicken wie Erde, Wasser, Feuer, Luft
Kräuter und Wälder.

Meditation: Sich am Erfolg anderer freuen

Shantideva, der zu Beginn dieses Kapitels bereits erwähnte indische Meister aus dem achten Jahrhundert, sagt: »Obwohl die Wesen sich nach Glück sehnen, eilen sie dem Leid entgegen.«

Warum ist das so? Weil man, wie ich meine, nicht daran denkt, dass auch andere Glück ersehnen und frei sein wollen von Leid – man findet es in Ordnung, sie als Mittel zum Erreichen des eigenen Glücks zu benutzen. Gewöhnlich versucht man durch Geld, Freundschaft, Ruhm, Besitz, Status und Macht glücklicher zu werden, aber man geht dabei auf eine Art und Weise vor, die einen daran hindert, dieses Ziel zu erreichen. So werden die eigenen Verhaltensweisen auf einen zurückfallen, und man beschwert sich dann, wie andere einen behandeln, obwohl man sie seit langem selbst so behandelt. Es ist auch ein großer Irrtum, wenn man das, *womit* man ursprünglich sein Glück machen wollte, plötzlich für das Glück selbst hält – und zum Beispiel immer mehr Geld auf dem Bankkonto ansammelt.

Ist man wirklich so rücksichtslos? Manch einer hat die Gier sogar zu seiner bewussten Maxime gemacht. Aber häufiger wird sie nicht so weit getrieben, sondern bleibt als Grundmotiv unterschwellig. Erst wenn man nachhakt, wird man sie als solches in sich erkennen. Sie ist tatsächlich unser Dreh- und Angelpunkt, und nach buddhistischer Lehre ist sie keineswegs bloßer Instinkt, sondern resultiert aus Grundeinstellungen wie einem »Erst-komme-ich«, die ihrerseits auf der fehlenden Einsicht basieren, dass auch andere sich nach Glück sehnen und frei sein wollen von Leid.

Menschliches Verhalten entspringt zum Großteil Ideen oder Idealen und keinem bloßen Instinkt.

Freude bringt der Wunsch, dass die fühlenden Wesen erreichtes Glück bewahren, dass sie für immer in den Genuss des Glückes und der Befreiung kommen mögen. **Stellen Sie sich in der Meditation vor, dass Menschen ihr Glück bewahren, ihren Reichtum, ihr gutes Aussehen und so weiter behalten. Denken Sie an einen reichen Menschen und freuen Sie sich an seinem oder ihrem Reichtum mit. Oder betrachten Sie andere glückliche Umstände, zum Beispiel Menschen mit Mitgefühl oder anderen Fähigkeiten – und wünschen Sie ihnen den Erhalt dieses Glücks.**

Man gerät mit anderen oft in Konkurrenzsituationen. Selbst wenn man sich nicht dazu bekennt, andere übertrumpfen oder in den Schatten stellen zu wollen, es ist das, was man – im Grunde – wünscht. Man konkurriert und will gewinnen. Als ich an der Universität Sanskrit lernte, gingen die meisten Kursteilnehmer das Erlernen dieser Sprache, deren Grammatik der Komplexität eines Schachspiels gleichkommt, als eine Art Wettspiel an. Wir feuerten uns gegenseitig an: »Ah! Du hast das übersehen!«, und so weiter, und es entstand ein guter Teamgeist. Wenn jemand die richtige Antwort wusste, freuten sich die anderen. Aber es gab einen Studenten namens Johnson, der in den Tests immer 99 bis 100 Punkte erzielte und vor dem wir übrigen uns dumm vorkamen. Wir begannen zu wünschen: »Johnson soll endlich einen Fehler machen! Hoffentlich bekommt er es nicht heraus!« Und während wir uns unbewusst vorstellten, dass der Professor ihn überraschend fragt: »Wie lautet der Akkusativ von dem und dem Dual?«, und er es nicht weiß, dachten wir: »Der arme Johnson.« Auf diese Weise projizierten wir unser eigenes

Nichtwissen auf ihn. Wir wünschten ihm die Dummheit, die uns an uns selbst ärgerte. Und dabei nährten wir *unsere eigene* Dummheit. Als mir dies schließlich bewusst wurde, versuchte ich, mich über Johnsons Erfolge mit ihm zu freuen. Wenn ihm eine Frage gestellt wurde, wünschte ich ihm bewusst, dass er sie sofort beantworten konnte – in meiner Vorstellung wuchs Johnson noch über sich selbst hinaus. Wie geschickt er war! Nach der Abschlussprüfung fragte ich den Professor, wie ich im Vergleich zu Johnson abgeschnitten hätte. Ich erschrak, als ich erfuhr, dass ich ein besseres Ergebnis als Johnson hatte, und äußerte mich sofort mitfühlend, allerdings beeindruckte das den Professor gar nicht; er sah mich an und sagte: »Mach mir doch nichts vor!«

Freude ist das Gegenteil von Eifersucht. Sie hilft uns, Abstand von unserem egoistischen Selbst zu finden und andere in ihrer Vielzahl anzuerkennen. Sie macht uns viel glücklicher und fördert unsere Beziehung zu den Mitmenschen.

Dritter Schritt

Nachdenken über die Güte anderer

Kapitel 10

Die Wohltaten anderer

Meditation: Mütterliche Güte

Der nächste Schritt besteht in der konkreten und detaillierten Würdigung der Wohltaten, die andere einem erwiesen haben, als man mit ihnen befreundet war. Das heißt, man geht jetzt genauer in die vorgestellten Szenarien hinein. In gewisser Hinsicht hat man das bereits getan, als man in Freund Nummer zehn seinen Freund Nummer eins aus dem vorvorigen Leben erkannt hat. Man hat also bereits ein gewisses Gefühl für seine oder ihre Güte, aber nun sagt man sich: **»Genauso wie ich am Wohlergehen meines besten Freundes interessiert bin und er an meinem Wohlergehen interessiert ist und wir uns auf ein zukünftiges Zusammensein freuen und gerne an unser früheres Zusammensein zurückdenken, verhielt es sich auch mit Freund Nummer zehn.«**

Einige meiner tibetischen Lehrer kamen dabei auf die mütterliche Güte zu sprechen, sie sagten etwa: »Meine Mutter wiegte mich zärtlich in den Armen.« Oder man erinnert sich an das Wohlgefühl, als die Mutter einen im Kleinkindalter zärtlich zudeckte und man dachte: »Hmm, wie schön!« Oder als man Schutz suchend zur Mutter rannte und ihre Beine fest umschlang. Vergegenwärtigen Sie sich solche Kindheitserlebnisse.

Wer sich an die Liebe der eigenen Mutter erinnern kann – wer sich seine tiefe Verbundenheit mit ihr und die vielen Situationen in Erinnerung rufen kann, in denen sie für einen da war, oder wer jetzt andere Mütter betrachtet oder selbst ein Kind hat, weiß, dass eine Mutter Tag und Nacht für ihr Kind da sein muss, vor allem wenn es noch ganz klein ist. Es könnte sterben, selbst wenn sie es nur eine Stunde ignoriert; nach zehn oder zwölf Stunden oder gar nach 24 Stunden ist es wahrscheinlich tot.

Normalerweise braucht man sich nicht 24 Stunden am Tag um jemanden zu kümmern, sondern kann seinen Geschäften nachgehen. Aber unsere Mütter mussten rund um die Uhr für uns da sein. Mütter haben oft einen leichten Schlaf; sobald das Kind schreit, wachen sie auf. Die Mutter kommt es hart an, so viel Zeit für das Kind opfern zu müssen. Sie muss seinetwegen viel durchstehen; und obwohl sie das Kind liebt, bedauert sie andererseits – und das ist schwer zuzugeben – den Verlust ihrer ehemaligen Freiheit. Derart von jemanden beansprucht zu werden ist kein reines Zuckerschlecken.

Doch trotz aller Anstrengung wendet kaum eine Mutter sich von ihrem Kind ab. Kensur Lekden, der Abt des Tantrischen College in Lower Lhasa, sprach darüber, wie erstaunlich es ist, dass eine Mutter trotz schmerzhafter Geburt »ihr Kind nicht wie Dreck behandelt, sondern in den Arm nimmt und für es sorgt«. Man hält das für eine Selbstverständlichkeit. Gewöhnlich machen wir uns nämlich nicht *bewusst*, dass wir nur da sind, weil die eigene Mutter sich nicht irgendwann in der Kindheit von uns abgewendet hat. Es ist ein anschaulicher Hinweis, der uns einen heilsamen Schock versetzen soll.

Manchmal denkt man: »Meine Eltern schliefen miteinander; sie zeugten mich; also sollen sie sich verdammt noch einmal um mich kümmern!« Dass man geboren wurde, ist *ihre* Schuld; also sollen sie einem auch helfen! Und schon hält man die Hand auf. Sie geben, und man hält wieder und wieder die Hand auf. In der buddhistischen Praxis vergegenwärtigt man sich jedoch, dass sich am Ende des vergangenen Lebens das eigene Bewusstsein in der Herzgegend sammelte – indem es seine gesamten Sinnes- und Verstandeskräfte dorthin zurückzog – und dann den Körper auf einem der möglichen Wege verließ, im günstigsten Fall durch den Scheitel. Daraufhin sah es sich nach einem geeigneten Ort für die Wiedergeburt um. Geleitet von seinen Neigungen, fand es schließlich die passenden Umstände, und so kam man durch den Geschlechtsverkehr der Eltern schließlich in den Genuss einer menschlichen Geburt, die deswegen so kostbar ist, weil sie einem Gelegenheit zur Praxis gibt. Es ist ein herausfordernder buddhistischer Standpunkt. So bedeuten eine gute Wiedergeburt und eine gute Mutter ein großes Glück. Sicherlich sind die meisten von uns von ihrer Mutter gut versorgt worden, sofern man nicht als Waise oder aus irgendeinem anderen Grund von jemand anderem großgezogen wurde.

Kensur Lekden sagte, dass man als Neugeborener in seiner Hilflosigkeit stark einem Käfer gleiche. Man liegt einfach da und kann beim besten Willen nicht fort, auch wenn man sich seine Geistesgegenwart aus dem früheren Leben bewahrt hat. Man muss sich erst wieder mühsam an den neuen Körper gewöhnen. Er ist noch ungeübt. Es ist so, als würde jemand, der mit 18 Jahren über Hürden springen konnte, das mit 48 Jahren wieder probieren und sich dabei Knie und

Knöchel verstauchen. Man kann also seinen neuen untrainierten Körper nicht gleich so benützen wie seinen alten trainierten. Man wird von der Mutter gefüttert; bekommt die Windeln gewechselt, wird rundum versorgt. Wenn sie einen später in den Armen hält, greift man ihr an die Nase, und sie sagt: »Nase.« Man greift an ihre Augenbraue oder langt ihr gleich mit dem Finger ins Auge, und sie sagt: »Auge.« Man fasst ihr an den Mund und trifft mit dem Finger auf einen Zahn, und sie sagt: »Zahn.« Weil sie das Tag für Tag tut, lernen wir schließlich sprechen. Auf gütige Weise bringt sie uns das Sprechen bei. Sie tut das selten mechanisch; es ist erstaunlich. Wenn man sich lebhaft in Erinnerung ruft, wie innig man zu Beginn dieses Lebens mit seiner Mutter verbunden war, erleichtert das schließlich die Vertiefung des eigenen Mitgefühls. Dadurch dass man sie sich als Herzensfreundin zum Vorbild nimmt und jedes fühlende Wesen in diese innige Liebe einbezieht, löst sich die Ichbezogenheit langsam auf. Normalerweise fühlt man sich zu gewissen Menschen hingezogen und zu anderen nicht, doch verblassen solche Vorlieben, sobald man allen fühlenden Wesen innig begegnet.

In einem der früheren Schritte betrachteten Sie alle fühlenden Wesen als Ihre Mutter und haben darüber meditiert, dass jedes Wesen zumindest einmal, in einem Ihrer früheren Leben, Ihre Mutter war. Darauf aufbauend machen Sie sich nun in der Meditation bewusst, dass alle diese Wesen sie dementsprechend gütig behandelt haben. Vergegenwärtigen Sie sich das Bewusstsein ihrer Güte. Stellen Sie ausgiebige Betrachtungen darüber an; achten Sie auf die Güte anderer. Achtsamkeit bedeutet auch Nichtvergessen.

Wer anerkennt, wie gütig jemand zu ihm gewesen ist, bewahrt sich durch diese einfache Haltung außerdem leichter vor Hassreaktionen. Gäbe mir zum Beispiel jemand einen Blankoscheck zur Gründung eines Übersetzungsinstituts für tibetische Texte, würde mich das äußerst freuen. Wäre dieser Mensch nun eines Tages unverschämt zu mir, würde ich mich angesichts seiner vergangenen Wohltat sehr zurücknehmen und versuchen, die Angelegenheit auf gütliche Weise mit ihm zu bereinigen. Wenn man überlegt, wie herzensgut jedes Wesen einmal zu einem gewesen ist, erreicht die Dankbarkeit einen Punkt, an dem ein geübter Buddhist, ob Sie es glauben oder nicht, beim Anblick einer Fliege oder einer über den Tisch laufenden Ameise denkt: »Dieses Wesen hat mich in einem früheren Leben einmal geboren und für mich gesorgt.«

Wenn man sieht, wie viele Vorkehrungen Schwangere für ihr Kind treffen, bekommt man einen Begriff von ihrer mütterlichen Fürsorge. Sie ernähren sich gesund und vermeiden schädliche Substanzen wie Kaffee, Alkohol, Nikotin und Drogen. Ich glaube, wer über diese Fürsorglichkeit nachdenkt und seine Betrachtungen nicht nur auf ein paar fühlende Wesen beschränkt, sondern schrittweise auf immer mehr Wesen ausdehnt, der wird sich schließlich diese mütterliche Güte vergegenwärtigen können, ohne noch an sich selbst denken zu müssen. Die überwältigende Dankesschuld dämpft das übertriebene Gefühl der eigenen Wichtigkeit. Die Blase ist geplatzt.

Beginnen Sie mit Freund Nummer eins und stellen Sie sich lebhaft vor, dass dieser Mensch in einem früheren Leben jemand gewesen ist, dessen Knie Sie umschlungen haben. In meinem Fall ist es ein Freund aus Kanada gewesen; ich umarmte seine Knie voller Begeisterung. **Gehen Sie**

auf diese Weise alle Freunde durch und dann die neutralen Personen.

Es mag schockierend sein, dass eine neutrale Person jemand ist, zu dem man in einem früheren Leben als kleines Kind gelaufen ist und von dem man viel Gutes erfuhr. Ein heilsamer Schock, der einem das Herz aufgehen lässt. Bei Feinden ist es schwieriger, weil man sie lieber auf Abstand hält, aber wenn Sie bei neutralen Personen keine Probleme mehr haben, wenden Sie sich kleineren und dann größeren Feinden zu.

Es kann durchaus schwer fallen, entferntere Bekannte in das Gefühl inniger Verbundenheit einzubeziehen, weil wir uns ja schwer vorstellen können, dass sie uns über den Kopf streicheln und trösten – es ist nicht ihre Art, so etwas zu tun. Kaum vorstellbar, dass der Typ im Baumarkt tröstend die Arme zu einem ausstreckt, aber in einem früheren Leben, als dieser Mann die Mutter oder der Vater und man selbst das Kind war, sah das ganz anders aus. Die gegenwärtige Beziehung erscheint jedoch manchmal so festgelegt, dass man sich unmöglich vorstellen kann, dies sei einmal der Fall gewesen; vielleicht riecht er einfach nicht so wie Mutter.

Oder wenn man in seiner Meditation zu schnell zu einem Feind übergeht, könnte man das Gefühl haben, jene Person wäre kaum eines so großen Vertrauens wert, wie es ein Kind seiner Mutter entgegenbringt, wenn es sich an ihr festhält. Dann sollte man sich vor Augen halten, welcher immensen inneren Umstellung und Beruhigung es noch bedarf, damit man sich ehrlich vorstellen kann: »Es ist anzunehmen, dass dieser Mensch als meine Mutter vor hundert Leben genauso gütig zu mir gewesen ist wie meine Mutter jetzt.« Man stellt seine Feindseligkeiten nur ungern ein – als seien bestimmte

Personen immer schon »Feinde« gewesen; aber das ist einfach falsch.

Blicken Sie wieder auf Ihr Leben zurück, und versuchen Sie sich an vergangene Ereignisse zu erinnern, richten Sie sich aber dieses Mal im Bewusstsein der Dankbarkeit an die Personen, die Ihnen einfallen. Durch diese Art Erinnerungsarbeit wird sich Ihr Gedächtnis verbessern, und es werden Ihnen immer mehr Details einfallen. Allmählich werden Sie sich an Ihre Kleinkindzeit erinnern, wie Sie herumgekrabbelt sind und sich an der Mutter festgehalten haben – ich zum Beispiel erinnerte mich deutlich daran, wie ich als Baby mit dem Reißverschlussanhänger an Mutters Kleid zu spielen pflegte, wenn sie mich auf dem Arm trug. Als Baby nimmt man noch in einer anderen Form wahr. Man sagt: »Ich wurde am Soundsovielten geboren«, aber man erinnert sich nicht an seine Geburt. Man sagt: »Wir wohnten fünf Jahre in einer gewissen Stadt«, aber man weiß nichts Genaues mehr darüber. Das kann unter anderem daran liegen, dass man manche Erinnerungen lieber verdrängt, weil sie böse Gefühle in einem wecken könnten. Indem man den Mitmenschen aus seiner Kindheit gegenüber das Gefühl der Dankbarkeit nährt, kann man alten Groll schrittweise überwinden – und ist ihm dadurch immer weniger ausgeliefert.

Zur Wiederholung: **Entwickeln Sie Dankbarkeit für die mütterliche Güte aller Wesen, indem Sie sich diese zuerst an Ihren besten Freunden vergegenwärtigen, dann an entfernteren Bekannten, dann an neutralen Personen und schließlich an Feinden jeden Grades.**

Meditation: Die Abhängigkeit von der Hilfe vieler würdigen

So wie es zwei Methoden zur Entfaltung des Gleichmuts gibt – einerseits die Anerkennung des gemeinsamen Ziels der Glückseligkeit und der Vermeidung von Leid und andererseits die Bewusstmachung des Beziehungswandels im Laufe vieler Leben –, so gibt es auch zwei Methoden zur Entfaltung von Dankbarkeit.

Die erste davon, nämlich die Betrachtung, dass im Laufe vieler Leben alle Wesen einmal mütterlich für einen gesorgt haben, ist eben erklärt worden.

Und dies ist die zweite: **Würdigen Sie in der Meditation die durch andere existierenden Güter und Dienstleistungen. Dabei erwächst die Dankbarkeit nicht hauptsächlich aus der Motivation der anderen, sondern aus der Wertschätzung des Vorhandenen. Betrachten Sie zum Beispiel die Zusammenarbeit, die hinter einem funktionierenden Supermarkt steht. Denken Sie an den Lkw-Fahrer, der die Waren liefert – wie »gütig« er ist.** Der Lkw-Fahrer mag es vielleicht nicht so sehen, aber mit seiner Arbeit sorgt er für Sie, man *würdigt* hier also etwas unabhängig von der dahinter stehenden Motivation. Ich schätze meine Uhr, obwohl sie selbst nicht die Absicht hat, mir nützlich zu sein – das ist reine Wertschätzung.

Betrachtet man einmal auf diese Weise, welches Ausmaß an Zusammenarbeit hinter einem Glas Wasser steht, *sagenhaft!* Solche Überlegungen führten den Dalai Lama zu der Aussage: »Gesellschaft ist Güte.« Ohne gütige Motive gibt es keine Gesellschaft, aber ohne die Anerkennung dieser anderen Art von »Güte« ebenfalls nicht. Denn sonst denkt jeder nur an sich selbst, kämpft um den größten Gewinn, versucht die anderen über den Tisch zu ziehen, wo es nur geht; wir müssen Dankbarkeit füreinander entfalten, dann wird die Gesellschaft gesünder. Dann werden wir gesünder, weil wir erkennen, von welch komplexen Zusammenhängen wir abhängen, in welche Netzwerke wir eingebettet sind. Wir werden mehr Verantwortung füreinander übernehmen und zum Beispiel aufhören, Bedürfnisse für ein Produkt zu wecken, das gesundheitsschädlich ist. Wir werden eine Ethik des Handelns entdecken.

Ein tibetischer Lama, der bei uns in Virginia zu Gast war, machte eine interessante Bemerkung über Wohlstandsgesellschaften. Er sagte, dass die Menschen, die im Wohlstand leben, wissen, dass sie jederzeit genug zu essen und ein Dach über dem Kopf haben werden. Wenn man kein Hotelzimmer findet, bleibt man eben zu Hause. Man hat ja eine eigene Wohnung – sie *könnte schöner* sein, ist aber in Ordnung. Und der Kühlschrank ist voll, und das Bett ist so hart oder weich, wie man es gern hat.

Wenn man wohlhabend ist, scheint man weniger von anderen Menschen abhängig zu sein. Man muss nicht auf der Straße betteln gehen. Wer bettelt, ist abhängig. Wer kein Dach über dem Kopf hat, ist abhängig. Er muss andere um Unterkunft bitten.

Reiche haben also ein trügerisches Unabhängigkeitsgefühl. Ein *falsches* Unabhängigkeitsgefühl. Warum? Weil das ganze äußere Drum und Dran auch ihres Lebens von anderen abhängt. Bei allem, vom Geld angefangen. Man stelle sich den gesellschaftlichen Zusammenhang vor, der es einem ermöglichte, sein Geld zu verdienen. Welcher Zusammenarbeit die Wohnung bedurfte. Wie viele vielfach verknüpfte menschliche Einzelleistungen es ermöglichen, dass aus dem Hahn in der Küche Wasser kommt. Das sind *alles* Abhängigkeiten. Weil ich reich bin, fühle ich mich fälschlicherweise unabhängiger als die Menschen, die weniger haben. Und aus diesem größeren Unabhängigkeitsgefühl, sagte der tibetische Lama, resultiert größere Eigenliebe.

Aber dann kam die eigentliche Überraschung, als er sagte, wegen dieser größeren Eigenliebe hat man mehr Selbstmitleid.

Tatsächlich! Mehr Eigenliebe geht mit mehr Selbstmitleid einher: »Ich bin ja so schlimm dran. Dies geht schief und jenes auch noch, und ich habe dies nicht und das nicht.« Je unabhängiger man ist, desto mehr beginnt man sich darüber zu beklagen, was man alles *noch nicht* hat. Sehr interessant. »Dies klappt nicht und das klappt nicht. Dieser Mensch ist gegen mich, und jener auch. Die ganze Welt ist gegen mich. Wieso komm ich eigentlich nicht voran?« Und so weiter. Ist man hingegen arm, findet man sich leichter mit der Situation ab. Man setzt all seine Kraft ein, um über die Runden zu kommen, und jammert nicht so viel darüber, was man nicht hat. Es ist einfach so, wie es ist.

Um also dieses falsche Unabhängigkeitsgefühl zu überwinden, muss ich über meine Abhängigkeit nachdenken und mir bewusst machen, dass ich mein Haus auf dem schönen Grundstück am Blue Ridge in den Appalachen und all meinen sonstigen Besitz nicht mir allein verdanke, sondern einer *umfassenden* Verbundenheit und Abhängigkeit.

Als der Dalai Lama vor einigen Jahren an der Universität in Santa Barbara einen Vortrag hielt, waren viele in der großen Turnhalle versammelt. Er sprach auf Englisch darüber, wie sehr sein eigener Ruhm von Zeitungen und Fernsehreportagen abhing. Er beanspruchte nicht einmal seinen Ruhm für sich! Wahrhaftig, Ruhm hängt von anderen Menschen ab; es muss jemand anders »TOLL!« denken.

Vierter Schritt

Güte erwidern

Kapitel 11

Die Form der Dankbarkeit selbst bestimmen

Was würde Sie hauptsächlich davon abhalten, anzuerkennen, dass jedes Wesen einmal gütig zu Ihnen gewesen ist? Ich für meinen Teil hatte vor der Dankbarkeit selbst Angst, weil ich nach niemandes Pfeife tanzen wollte. Ich wollte auf keinen Fall tun, was meine Eltern von mir erwarteten, obwohl sie mir sehr viel Freiraum ließen – ich verließ das College nach einem Jahr, zog mich in die Wälder von Vermont zurück, fuhr dann nach Tahiti und verdiente mir dabei mein Geld selbst. Ich passte nicht in die obere Mittelstandsgesellschaft, in der meine Eltern lebten. Ich wollte mich nicht dort einordnen; der Lebensstil, der einem dort abverlangt wurde, stieß mich ab. Deshalb verweigerte ich ihnen meine Dankbarkeit.

Es ist jedoch etwas ganz anderes, ob man seine Verpflichtung gegenüber jedem Wesen eingesteht oder nur gegenüber einigen wenigen. **Meditieren Sie – in der Reihenfolge Freunde, neutrale Personen, Feinde – folgendermaßen: »Ich werde dieser Person meinen geschuldeten Dank dadurch erweisen, dass ich ihr bei der Erlangung der Glückseligkeit helfe.«** Es ist leicht einzusehen, dass man den Dank, den man allen Wesen schuldet, nicht dadurch abstatten kann, dass man alle ihre Wünsche erfüllt, da bei so vielen Wesen die Wünsche ja äußerst widersprüchlich sind. Man kann ja nicht einmal seiner Mutter in diesem Leben alles recht machen, obwohl ihre Ratschläge meist gut gemeint sind. Meine Indien- und Tibetreisen waren zum Beispiel für meine Mutter ein einziger Grund zur Sorge – Ruhr, Leberversagen, Nierenversagen; eine Mutter denkt sicher an vieles, woran man selbst nicht gedacht hat.

»Du solltest ein Medikament gegen Ruhr mitnehmen!«

Das stimmt.

»Vergiss nicht, Desinfektionstabletten für das Wasser mitzunehmen.«

Richtig.

»Für das Wasser wäre eine große Thermoskanne gut.«

»Ich nehme eine kleine mit.«

»Nein, du brauchst eine große. Was machst du sonst, wenn der Zug eine Panne hat?«

Ja, was wäre dann? Ich weiß es nicht. Aber passt sie noch ins Gepäck? Dass ich ihre Besorgtheit als Güte anerkenne, heißt noch lange nicht, dass ich eine große Thermoskanne mitnehmen muss.

Diejenigen, die uns geholfen haben – unsere Eltern zum Beispiel –, gewannen oft genau deshalb große Macht über uns: »Du weißt, ich habe dir geholfen, also tu, was ich dir sage.« So ist es für einige fast schon zur Gewohnheit geworden, diese Menschen abzulehnen, um ihrer Einflussnahme zu entgehen. Und doch weiß man, dass man ihnen für ihre vielen Wohltaten Dank schuldet. Das ist mit ein Grund, weshalb die Überlegung »Dieser Mensch hat sehr viel für mich getan, also bin ich ihm zu Dank verpflichtet« so unangenehm werden kann. Bezieht man aber immer mehr Menschen in diese Überlegung ein, wird klar, dass es eine Dankesform zu finden gilt, ohne sich von seinem eigenen Weg abbringen zu lassen. Der Einfluss eines hilfreichen Freundes muss nicht immer heilsam sein. Wenn Sie sich an diese altruistische Praxis halten, kann es zum Beispiel durchaus vorkommen, dass frühere Freunde etwas Unangebrachtes als Dank von Ihnen verlangen. Sie müssen diese Menschen nicht ändern; das ist deren eigene Aufgabe. Aber genauso wenig müssen Sie auf das eingehen, was andere von Ihnen verlangen, nur weil sie Ihnen geholfen haben. Weiß jemand selbst ganz genau, was er will, kann er die Güte anderer zu erwidern suchen, ohne unbedingt das zu tun, was sie von ihm verlangen. Darin besteht echte Seelenstärke.

Jedes fühlende Wesen ist einem einmal Mutter gewesen. Trotzdem kann man nicht alles tun, was sie verlangen. Es sind so viele, und sie wollen so viele widersprüchliche Dinge. Außerdem stellt die Erfüllung ihrer derzeitigen Wünsche nicht immer die beste Hilfe für sie dar. Die beste Form des Dankes besteht darin, ihnen bei der Überwindung des leidvollen Daseinskreislaufs und bei der Erlangung der Buddhaschaft zu helfen. An diesem Punkt der Dankbarkeitsentfaltung darf also nicht vergessen werden, dass die Anerkennung des Verpflichtetseins nicht bedeutet, dass man tut, was andere sagen. Sonst dürfte es einem kaum gelingen, ihre wahre Güte anzuerkennen.

Sobald man sich einmal allen fühlenden Wesen verbunden fühlt, wie sollte man sie dann einfach leiden sehen können? Kensur Lekden drückte es in seiner bodenständigen, deftigen Art so aus: Sähe man, dass die eigene Mutter in den Graben gefallen ist und sich ein Bein gebrochen hat, wäre man dann nicht der Erste, der ihr heraushülfe? Oder würde man sich an den Straßenstrand stellen, auf seine Mutter sehen und denken: »Oh, sie hat sich ein Bein gebrochen«, und weitergehen? Wenn nicht ihr eigener Sohn oder ihre eigene Tochter sie herausholte, wer dann? Man würde sofort in den Graben springen, um sie herauszuholen.

Diese Art der Hilfsbereitschaft soll durch die Dankbarkeitsübung entwickelt werden. Wenn man sich entschließt, einer so großen Anzahl von Menschen gegenüber Dankbarkeit auszuüben, hat es zunächst tatsächlich den Anschein, dass man von ihnen abhängig wird. Im Tibetischen wird diese Abhängigkeit anders gesehen, weil sie im Zusammenhang mit dem Mitgefühl eine positive Bedeutung gewinnt. Mitgefühl scheint Schwäche zu bedeuten, aber faktisch war ich der Schwächere, als ich die Güte meiner Eltern nicht anerkennen wollte. Durch die eingestandene Verpflichtung zur Dankbarkeit anderen gegenüber und durch die Einsicht, dass wir niemals alle ihre Wünsche erfüllen können, haben wir selbst über die Form unserer Dankbarkeit zu entscheiden. Das lässt uns die Ähnlichkeit der Wesen, ihre Gemeinsamkeit noch klarer erkennen, und das gibt uns Kraft. Eine solche Dankespflicht führt zu Stärke und nicht zu Schwäche. Wer sich allen Wesen gegenüber zu Dank verpflichtet fühlt, steht also zwar in gewisser Hinsicht unter ihrem Einfluss, weil er sich für ihr Wohl einsetzt, aber er gewinnt gleichzeitig mehr Handlungsspielraum. Man ist schwach, solange man jene Abhängigkeit ignoriert und fürchtet.

Lassen Sie mich in diesem Zusammenhang einen Vorfall aus meiner Heimatstadt erzählen, von dem ich einige Jahre nach meinem Fortzug erfuhr. Ein junger, langhaariger Homosexueller war von einem Footballspieler angegriffen und mehrmals mit dem Kopf gegen die Wand geschlagen worden. Darauf rief die Mutter des Homosexuellen die Mutter des Footballspielers an und entschuldigte sich für ihren missratenen Sohn! Wie könnte ich ihr jemals für ihre wirkliche Güte aus einer früheren Existenz danken, wenn ich der Meinung wäre, ich hätte dazu mit ihrer verdrehten Haltung einverstanden zu sein, die ihre Sohnesliebe derart verkehrte? Es wäre unmöglich! Aber das ist nicht verlangt. Aus ihrer mir einst erwiesenen Güte folgt nicht, dass ich alle ihre gegenwärtigen Einstellungen gut heißen muss. Ich bin für die Art meines Dankes selbst verantwortlich. Das Gutheißen ihrer momentanen Verblendung hülfe niemandem. Ihr wäre also vor allem die Einsicht zu wünschen, dass auch ihr Sohn sich nach Glück sehnt und frei sein will von Leid. Es fällt nicht leicht, in Fällen derart irregeleiteten Verhaltens so vernünftig zu reagieren.

Güte wird oft als eine besondere Gabe angesehen, sei es im Zusammenhang mit einer genetischen Veranlagung oder als das Verdienst aus einem früheren Leben. Das mag manchmal der Fall sein, aber ich habe festgestellt, dass unter den tibetischen Lehrern diese »Gabe« der Güte als reine Übungssache angesehen wird. Die Lehren sind in geduldiger Kleinarbeit in die Tat umzusetzen und nicht nur auswendig herzusagen.

Sie gehören im Alltag auf den Prüfstand, in der Begegnung mit Bettlern, Nachbarn und Mitbürgern. Aber der Trick ist, dass man mit einfacheren Fällen beginnt. Seien Sie klug und üben Sie sich zunächst im vertrauten Kreis, auch wenn Sie den Eindruck haben, Sie drücken sich vor den schwierigeren Fällen. Tatsächlich erhöht die zunehmende Erfahrung die Chance, dass man auch in schwierigeren Situationen vernünftiger reagiert, als lediglich in alte Verhaltensweisen zurückzufallen und zu denken: »Das ist zu viel verlangt. Ich kann das nicht.« Dieses Ich, woraus besteht es denn eigentlich? Aus nichts als einer Reihe von Angewohnheiten.

Fünfter Schritt

Liebe

Kapitel 12

Meditation über die Liebe

Die ausgiebige Betrachtung der Verbundenheit aller Wesen – und die Dankbarkeit für ihre Güte – führt direkt zur Liebe, die das Pendant des Mitgefühls ist. Während Liebe aufrichtig denkt: »Wie schön wäre es, wenn dieser Mensch glücklich wäre und aus den Quellen des Heils schöpfte«, besteht Mitgefühl in dem innigen Wunsch: »Wie schön wäre es, wenn dieser Mensch frei von Leid wäre und keiner Leidensursache mehr unterläge.« Wenn jeder glücklich wäre und über die Quellen seines Glücks verfügte, wäre das nicht wunderbar?

Die zärtliche Zuneigung zu nahe stehenden Personen und die geistige Liebe sind nichts ganz und gar Verschiedenes, aber die Letztere ist frei von Vorurteilen und Vorlieben, da sie sich an alle fühlenden Wesen richtet. Die gewöhnliche Zuneigung oder Liebe, die man nur für bestimmte Menschen empfindet – und die sich oft nur aus Annehmlichkeiten nährt –, schlägt schnell in Verärgerung oder Hass um, wenn die Person nicht mehr die gewohnten Annehmlichkeiten bietet. Dann macht man ihm oder ihr bittere Vorwürfe, doch kann sich ebenso schnell wieder liebevolle Zuneigung einstellen, sobald das Annehmlichkeitsverhältnis wiederhergestellt ist.

Die geistige Liebe ist in dieser Hinsicht völlig anders, da sie jedes wie auch immer geartete Wesen einschließt. Zur Verwirklichung dieser Liebe bedarf es wieder der meditativen Übung, bei der man mit einzelnen Personen beginnt. Gehen Sie erneut von Ihrem Bekanntenkreis aus, und beziehen Sie alle Menschen ein, die Sie sich in den vorigen Übungen in Erinnerung gerufen haben, sowie neue Bekannte, sofern sie Ihnen einfallen. Beginnen Sie mit Ihren Freunden, die leicht zu lieben sind; gehen Sie dann zu den neutralen Personen und schließlich zu den Feinden über.

Sehen Sie in der Meditation Ihren besten Freund bzw. Ihre beste Freundin vor sich und wünschen Sie aufrichtig: »Wie schön wäre es, wenn dieser Mensch glücklich wäre und aus den Quellen des Heils schöpfte!« Diese Haltung ist angesichts des besten Freundes bzw. der besten Freundin leicht einzunehmen, da Sie diese ja bereits sehr gern mögen. **Halten Sie sich dieses aufrichtige Empfinden wach, und wenden Sie sich einem etwas weniger guten Freund zu: »Wie schön wäre es, wenn dieser Mensch glücklich wäre und aus den Quellen des Heils schöpfte!«** Wahrscheinlich werden Sie jetzt den Wunsch etwas weniger intensiv hegen, doch können Sie ihn durch folgende drei Schritte verstärken: **Bedenken Sie, dass dieser Mensch erstens genauso wie Ihr bester Freund Glück ersehnt und frei sein will von Leid; dass er zweitens im Laufe vieler Leben einmal sehr gütig zu Ihnen gewesen ist und dass Sie ihm drittens dafür danken wollen. Versuchen Sie Ihren besten Freund und diesen Freund in eins zu sehen, und lassen Sie sie jeweils abwechselnd in den Vordergrund treten, bis sich Ihr Wunsch verstärkt. Gehen Sie so jeden Freund einzeln durch.**

Üben Sie sich dann neutralen Personen gegenüber: »Wie schön wäre es, wenn dieser Mensch glücklich wäre und aus den Quellen des Heils schöpfte!« Die Wandlung von grundsätzlichem Desinteresse zu menschlicher Anteilnahme kann überwältigend sein. **Gehen Sie viele neutrale Personen durch, um reichlich Erfahrung zu sammeln.** Es gibt unglaublich viel Kraft, wenn man sich aus den Fängen der Teilnahmslosigkeit, Verwirrung und Egozentrik löst.

Wenden Sie sich mit dieser Erfahrung schließlich den Feinden verschiedenen Grades zu, und fangen Sie mit den kleinsten Feinden an. Üben Sie so lange, bis Sie Ihren aufrichtigen Wunsch genauso intensiv spüren wie bei Ihrem besten Freund. Zunächst werden es bloß Worte sein, doch wird das Empfinden zunehmen: »Wie schön wäre es, wenn dieser Mensch glücklich wäre und aus den Quellen des Heils schöpfte!« Gehen Sie langsam und gründlich vor. Häufiges Meditieren wird die Schichten hartnäckigen Grolls auflösen. Schließlich wird einem die Böswilligkeit anderer kein Grund mehr sein, sie zu hassen

Die Quellen des Heils

Es ist wichtig, dass man über die Quellen des Heils nachdenkt. Im Buddhismus werden sie oft als die Vermeidung von zehn Untugenden oder unheilsamen Handlungen und die Einübung von zehn Tugenden oder heilsamen Handlungen beschrieben, die Ersteren gegenübergestellt werden (siehe nächste Seite).

Tugenden nennt man auch die Neigungen, die sich aus den heilsamen Handlungen ergeben.

Alle zehn Tugenden beruhen auf Mitgefühl. Wie der Dalai Lama zu sagen pflegt: »Die buddhistische Ethik lässt sich in zwei Sätzen zusammenfassen: Wenn du helfen kannst, helfe; wenn du nicht helfen kannst, schade wenigstens nicht.« Auf

Die zehn heilsamen und unheilsamen Handlungen

Die drei körperlichen Laster meiden	**Die drei körperlichen Tugenden üben**
Töten	Nicht töten, sondern Leben schützen
Stehlen	Nicht mehr stehlen, sondern großzügig sein
Sexueller Missbrauch	Niemandem sexuelle Gewalt antun und niemanden verführen, sondern heilsame Beziehungen fördern
Die vier Laster der Sprache meiden	**Die vier Tugenden der Sprache üben**
Lügen	Nicht mehr lügen, sondern aufrichtig reden
Zwietracht säen	Keine Zwietracht säen, sondern vermittelnd sprechen
Fluchen	Nicht fluchen, sondern freundlich reden
Geschwätz	Sich keinem inhaltlosen Gerede hingeben, sondern besonnen sprechen
Die drei geistigen Laster meiden	**Die drei geistigen Tugenden üben**
Anmaßung	Keine unberechtigten Ansprüche stellen, sondern Freude am Wohlergehen anderer entwickeln
Gehässigkeit	Nicht schaden wollen, sondern Hilfsbereitschaft entwickeln
Falsche Ansichten	Falsche Ansichten aufgeben und einsichtig werden

die Verinnerlichung dieser beiden Grundsätze kommt es an, und die zehn Tugenden, die sich aus ihrer Befolgung ergeben, lassen sich durch die hier dargelegten Mitgefühlsübungen schrittweise verwirklichen.

Wenn sich durch die Gleichmutsübung die Erkenntnis vertieft, dass andere – so wie man selbst – sich des Lebens freuen und keine Schmerzen haben wollen, verliert man allmählich die Lust am Töten, Stehlen und gewaltsamem Sex. Wenn man seine Verbundenheit mit anderen im Laufe vieler Leben und die daraus erwachsende Dankbarkeit ergründet, verringert sich die Lust am Betrügen, Streiten, Fluchen oder gedankenlosen Gerede. Wenn man an anderen Vorzüge wie Jugendlichkeit, Schönheit, Reichtum, Ruhm schätzen lernt, befreit das von Neid und von dem Wunsch, andere mögen verlieren, was man selbst haben möchte. Wenn man lernt, anderen Glück und die Ursachen des Glücks zu wünschen, wird man ihnen nicht mehr schaden wollen. Und wenn man sich in die Weisheit vertieft (wie in den folgenden Kapiteln erklärt), lösen sich allmählich falsche Ansichten auf. Die zur Entfaltung des Mitgefühls erforderlichen Übungen lassen also aus den zehn Tugenden natürliche Verhaltensweisen werden und führen echtes Glück herbei.

Wer die *Quellen* des Heils pflegt, dessen Glück hat Bestand, doch wer bloß die Früchte seiner Taten genießt, dessen Glück vergeht rasch. Solcher Freude folgt gewiss bald die Enttäuschung, zum Beispiel wenn jemand sein ganzes Monatsgehalt aus einer Laune heraus ausgibt. Liebe besteht also nicht nur aus dem Wunsch, dass andere glücklich sein mögen; der Wunsch muss einschließen, dass andere aus den Quellen des Glücks schöpfen und die zehn Tugenden üben mögen.

Meditation: Drei Stadien der Liebe

In den buddhistischen Texten werden drei Stadien der Liebe beschrieben. Vom ersten war am Anfang des Kapitels die Rede: **»Wie schön wäre es, wenn dieser Mensch glücklich wäre und aus den Quellen des Heils schöpfte.«** Das nächste Stadium besteht in einer Steigerung dieses Wunsches: **»Möge dieser Mensch glücklich sein und aus den Quellen des Heils schöpfen!«** Dieser Wunsch ist stärker, weil man kein hypothetisches »wenn« dazwischenschaltet, sondern direkt den Eintritt von etwas wünscht. Üben Sie diese zweite Stufe der Liebe genauso schrittweise ein wie die erste, angefangen mit dem besten Freund oder der besten Freundin über entferntere Freunde, Bekannte und neutrale Personen bis zu den kleineren und schließlich größeren Feinden, aber nun mit dem aufrichtigen Wunsch: **»Möge dieser Mensch glücklich sein und aus den Quellen des Heils schöpfen!«** Diese Form des Wünschens ist anstrengender, weil man seine Wünsche direkt ins Getriebe der Welt einfließen lässt.

Die zweite Stufe darf nicht bloß eine mechanisch wiederholte Variante der ersten sein. Vielmehr ist analytisch vorzugehen; bedenken Sie in der Meditation:

- Ihre Gemeinsamkeit mit anderen Menschen (Gleichmut);
- dass der Betreffende Ihnen im Laufe Ihrer vielen Existenzen einmal viel Gutes getan hat oder der Gesellschaft nützlich gewesen ist (Reflexion über die Güte);
- dass Sie diese Güte erwidern sollten (Dankbarkeit entwickeln).

Durch diese erneute Analyse schärft man sein Wahrnehmungsvermögen, sodass der Wunsch: **»Möge dieser Mensch glücklich sein und aus den Quellen des Heils schöpfen!«** tiefere Erfahrungsschichten berührt. Halten Sie dieses tiefere Empfinden wach, durchdringen Sie es in der Meditation, sodass es sich im Gedächtnis gründlich verankern kann. Diese Übung wird stabilisierende Meditation genannt, weil man sich einen Zustand genau einprägt, statt ihn nur vorübergehend zu erfahren.

Bei der analytischen Meditation geht man also eine Reihe von Überlegungen durch, um sich für eine Erkenntnis zu sensibilisieren, die man sich dann genau einprägt. Wichtig ist, dass man die Einprägungsphase nicht übergeht. Auch wenn die Erfahrung sehr tief ist und man den Eindruck hat, dass dieser Zustand nie vergehen wird, tut er es doch. Sie haben noch nicht das Stadium erreicht, in dem die Erkenntnis zum Dauerzustand geworden ist – Sie sind gerade erst dabei, an diesem höheren Bewusstseinszustand Geschmack zu finden. Kehren Sie also sofort zur analytischen Meditation zurück, zur Stärkung des Erkenntnisvermögens, wenn Sie merken, dass die Erfahrung in der stabilisierenden Meditation nachlässt. So kann man eine immer tiefere meditative Einsicht gewinnen und erhalten.

Das dritte Stadium der Liebe ist der radikale Entschluss: »Ich will dafür sorgen, dass dieser Mensch glücklich wird und aus den Quellen des Heils schöpft!« Diese Haltung wird genauso schrittweise eingeübt, angefangen mit dem besten Freund oder der besten Freundin über entferntere Freunde, Bekannte und neutrale Personen bis zu den kleineren und schließlich größeren Feinden. Machen Sie sich unter Anwendung aller bisher gelernten Meditationstechniken – also vom Bedenken der Vorteile innerer Sammlung zur Überwindung der Trägheit bis hin zum wachsamen Wechseln zwischen der analytischen und stabilisierenden Meditation – erneut an die Intensivierung Ihrer Liebe. Dieses Mal ist der äußerst mutige Entschluss, dass Sie jedem Wesen auf dem mühsamen Weg zu wirklichem Glück persönlich beistehen wollen – sich des Glücks aller annehmen, egal, wie viele Äonen es dauert. Das ist wahres Heldentum.

Als ich nach meinem fünfjährigen Aufenthalt in einem mongolisch-tibetischen Kloster in New Jersey an der Universität Wisconsin meinen Doktor zu machen begann, erfuhr ein Professor der Psychiatrie von mir und rief mich an mit der Bitte, ob ich ihm nicht das Meditieren beibringen könne. Wir waren uns vom ersten Händeschütteln an sympathisch. »Wie viel verlangen Sie?«, fragte er. »Denselben Stundensatz, den Sie Ihren Patienten berechnen«, antwortete ich. Er war damit einverstanden, und von nun an trafen wir uns einmal die Woche. Als ich ihm dann erklären sollte, welche Art von Meditation wir üben würden, beschloss ich, lieber nicht mit der Tür ins Haus zu fallen. Statt zu erklären, wir wollten alle Wesen vom Leid und den Leidensursachen befreien und zum Heil und den Quellen des Heils führen, schlug ich vor, mit der praktischen Übung zu beginnen. Wir setzten uns also ohne große Umschweife auf den Boden seines Büros, riefen uns Bekannte in Erinnerung und begannen mit der ersten Gleichmutsübung: »Genauso wie ich mich nach Glück …« Danach tauschten wir uns über die Übung aus und gingen zur nächsten über. Nach einigen Wochen sagte er: »Ich glaube, wir brauchen uns nicht mehr ganz so oft zu treffen.« Da ich jedoch wusste, dass dies in der Therapie Patienten gerade dann vorschlagen, wenn ein größerer

Durchbruch bevorsteht, schlug ich sofort vor: »Treffen wir uns ab jetzt zweimal die Woche.« Es war wunderbar, im Laufe des Jahres mitzuerleben, wie sich in der Auseinandersetzung mit den Menschen, denen wir in unserem Leben begegnet sind, unsere Mitgefühlspraxis entwickelte. Ja, und schließlich widmeten wir uns in den Sitzungen der Befreiung aller Wesen vom Leid und ihrer Hinführung zum Glück. Es war bewegend.

Mitgefühl entfalten durch Wertschätzen von Feinden

Feinde sind bei der Entfaltung von Mitgefühl und Liebe das größte Problem; über sie stolpert man immer wieder auf dem Weg zum Gleichmut. Mit diesen Zerstörern unseres Glücks möchte man am liebsten nichts zu tun haben. Aber der Dalai Lama wird nicht müde, darauf hinzuweisen, dass Feinde geschätzt werden sollten, weil sie einen enorm weiterbringen können. Sie haben zwar nicht die Absicht, einen weiterzubringen, aber sie bieten trotzdem die Gelegenheit dazu. Viele Dinge leisten uns ja auch wertvolle Dienste, ohne das zu beabsichtigen. Ein Bauer zum Beispiel schätzt einen ertragreichen Boden und nimmt dessen unbeabsichtigte Dienste in Anspruch. Ich schätze meine Uhr und achte gut auf sie.

Der Dalai Lama spricht aus eigener Erfahrung, wenn er für die Wertschätzung von Feinden plädiert. Bei seinen Vorträgen argumentiert er ungefähr folgendermaßen: »Geduld lässt sich nur einem anderen fühlenden Wesen gegenüber üben, und wenn einem niemand böse ist, wie sollte man Geduld üben? Deshalb sind Feinde wertvoll.«

Schwierige Lebenssituationen geben uns Gelegenheit, uns in der Liebe zu üben – sie machen uns klar, wie weit wir noch von der allumfassenden Liebe entfernt sind. Wie sonst sollten wir einen Fortschritt in der Praxis erkennen, wenn nicht durch die Konfrontation mit schwierigen Situationen? In ihnen offenbart sich unser Charakter; sie zeigen, ob wir bisher nur oberflächlich geübt haben, und spornen uns zu einer Vertiefung der Praxis an.

Der große indische Yogi und Philosoph Nagarjuna gibt einen ganz listigen Rat. Er sagt, um Feinde zu besiegen, solle man sich in den Tugenden üben, weil das die Feinde aus dem Konzept bringe:

Wenn man einem Feind schon schaden möchte,
sollte man besser die eigenen Fehler bekämpfen und
sich in den Tugenden üben.
Damit nützt man sich selbst am meisten,
und der Feind wird sich ärgern.

Statt über einen Feind herzuziehen, rät Nagarjuna also, sollte man besser seine eigenen Stärken hervorkehren und dadurch beim Feind für Bestürzung sorgen. Die Technik scheint auf den ersten Blick den Eigennutz zu fördern! Aber der springende Punkt ist der, dass jemand, der böse sein will, wenigstens auf kluge Weise böse sein soll. Der Dalai Lama gibt oft den witzigen (aber ernst gemeinten) Rat: Willst du egoistisch sein, stell dich wenigstens klug dabei an – und das heißt, liebe deine Mitmenschen und helfe ihnen, denn das bringt dir Vorteile, in deren Genuss du sonst nicht kämst. Am ungeschicktesten stellt sich bei seiner Glückssuche derjenige an, der seine Feinde für Unmenschen erklärt und nur an sich selbst denkt. Man muss auch seinen Feinden das Menschsein zugestehen, ja *gerade* seinen Feinden!

Nagarjuna spricht davon, welch unglaubliche Kraft schon ein Moment der Liebe hat:

Selbst wenn man den Mönchen dreimal täglich
dreihundert Schalen Essen spendet,
wiegt das nicht den Bruchteil des Verdienstes auf,
zu dem ein Augenblick der Liebe führt.

Obwohl man durch die Liebe nicht befreit wird,
erwirbt man doch die acht Vorzüge der Liebe:
Götter und Menschen werden einem freundlich gesinnt sein,
selbst nichtmenschliche Wesen werden einen beschützen;

Man kommt in den Genuss geistiger
und körperlicher Freuden,
Gift und Waffen werden einem nicht schaden,
man wird mühelos seine Ziele erreichen
und in der Welt des Brahma wieder geboren werden.

In meiner Kindheit pflegte mich mein zwölf Jahre älterer Bruder auf verschiedene Weise zu quälen. Eine Methode war, dass er morgens an mein Bett kam und mich so lange kitzelte, bis ich mich unter die Bettdecke flüchtete, dann hielt er mich gewaltsam unter der Bettdecke fest, bis ich in meiner Not weinte. Eine andere Methode war, mich im Treppenhaus zu ärgern: Meine Schuhe hatten glatte Ledersohlen, sodass ich, klein wie ich war, Mühe hatte, die glatten Holzstufen hinunterzukommen. Das Treppengeländer konnte ich oben natürlich noch nicht erreichen, also hielt ich mich jeweils an den Stäben fest, während ich Stufe für Stufe hinabstieg. Oft kam dann mein Bruder aus dem Wohnzimmer, stellte sich unten an die Treppe und machte sich über Leute lustig, die sich noch an Geländerstäben festhalten müssen. Also ließ ich sie los und stürzte die Treppe hinunter. Aus Angst vor seinem Spott tat ich das viele, viele Male. Ich will hier keine weiteren Quälereien aufzählen. Aber Jahre später, als ich in der Schule ein sehr guter Ringkämpfer geworden war, stellten wir eines Tages bei einer Rauferei fest, dass ich jetzt der Stärkere war, und er rannte vor mir davon. Ich holte ihn ein, er stemmte die Hände in die Seiten und forderte mich auf, ihn doch zu schlagen. Ich erhob die Hand gegen ihn, ließ sie dann aber wieder sinken – auf diese Art von Heimzahlung konnte ich verzichten.

Lieben heißt, jedem etwas Positives zuzugestehen. Es geht dabei nicht um die äußere Erscheinung oder um das, was der Betreffende gerade tut, sondern um das Bewusstsein, dass jedes fühlende Wesen sich nach Glück sehnt und frei sein will von Leid und in der unendlichen Vergangenheit irgendwann einmal der beste Freund gewesen ist. Eine tibetische Definition der Liebe lautet: »auf angenehme Weise an jemanden denken« *(yid du 'ong ba)*. Statt die Menschen abzulehnen, nimmt man durch ein grundsätzliches Wohlwollen eine Verbindung zu ihrem wahren Wesen auf – ganz gleich wie verdreht ihre momentanen Einstellungen und Verhaltensweisen sind. Darin besteht die Stärke der geistigen Liebe.

Diese Herzensgüte erlebte ich beim Dalai Lama beständig im Kleinen wie im Großen. In Los Angeles nahm er einmal mit unserer kleinen Gruppe (darunter Richard Gere, Harrison Ford und Melissa Mathison, die Drehbuchautorin von

E.T. und *Kundun*) auf dem Weg zu einem Benefizdinner eine Abkürzung durch die Hotelküche. Er hatte sich bei mir untergehakt; es war halb sieben Uhr abends, und er war seit halb fünf Uhr früh auf den Beinen. Er flüsterte mir zu: »Ich bin müde.« »Das ist kein Wunder«, antwortete ich, während ich mich überall umsah, weil mir eingefallen war, dass Bobby Kennedy in einer Hotelküche in Los Angeles erschossen worden war. Als wir an einem großen Stahltisch vorbeigingen, an dem fünf oder sechs Köche arbeiteten, lächelte ihnen Seine Heiligkeit zu. Sie reagierten nicht weiter darauf, und er lächelte sie noch direkter an, aber ohne Erfolg. Schließlich richtete er ein kurzes, aus dem Bauch kommendes Lachen an sie, worauf auch sie ihm zaghaft zulächelten und schließlich laut lachten. Ihre Reserviertheit war verschwunden und seine Müdigkeit auch. Beim Dinner hielt er eine besonders lange Rede auf Englisch, wobei er zuerst scherzhaft anmerkte, wie doch die Anwesenden trotz der vollen Arzneischränke zu Hause so gut aussähen. Dann beschrieb er ausführlich die schreckliche Situation in Tibet seit der äußerst brutalen Invasion durch die chinesischen Kommunisten. Trotzdem könne nur eine gütliche Einigung weiterhelfen, denn zu besiegen sei keine Besatzung, sondern die Gesinnung, die zur Unterdrückung geführt habe.

Sechster Schritt

Mitgefühl

Kapitel 13

Die drei Arten des Mitgefühls

Mitgefühl beruht auf dem aufrichtigen Wunsch, dass die fühlenden Wesen frei von Leid und allen Leidensursachen sein mögen. Der indische Philosoph Chandrakirti, dessen Texte in Tibet hohes Ansehen genießen, preist das Mitgefühl als die entscheidende Geisteshaltung überhaupt:

Aus der Barmherzigkeit allein entspringt
die reiche Ernte des Siegers,
sie ist der Same, das segensreiche Wasser
und die Vollkommenheit hoher Freude.
Deshalb preise ich als Erstes das Mitgefühl.

Barmherzigkeit und Mitgefühl sind dasselbe. Chandrakirti preist das Mitgefühl, weil es der Urquell der Buddhas ist. Wenn er auch dessen Auswirkungen preist, so ist doch seine Hauptaussage, dass die Buddhaschaft selbst dem Mitgefühl entspringt.

Das Mitgefühl wird als der Same bezeichnet, weil es am Anfang des Bodhisattvaweges steht – das ist der Weg derjenigen, die zum Wohl aller Wesen vollständige Erleuchtung erstreben. Bodhisattvas unterscheiden sich von Anhängern des anderen buddhistischen Weges darin, dass sie *großes* Mitgefühl haben, insofern sie alle fühlenden Wesen vom

Leid und den Leidensursachen befreien wollen. Sie sind auch *große* Liebende, weil sie alle fühlenden Wesen zum Heil und den Quellen des Heils führen wollen.

Der Same steht am Anfang der Ernte. Ohne Samen gibt es keine Frucht. Mitgefühl ist die Quelle der Buddhaschaft. Obgleich für die Erlangung der Buddhaschaft auch Weisheit notwendig ist, stellt unerschütterliches Mitgefühl den entscheidenden Faktor dar. Auch andere Anhänger des Weges müssen das wahre Wesen der Wirklichkeit erkennen, um ihre entsprechenden (niedrigeren) Arten der Erleuchtung zu erlangen, aber Mitgefühl ist das, was zur Buddhaschaft führt.

Das Mitgefühl gleicht auch dem Wasser, das herabregnet und die Ernte heranwachsen lässt, wenn die Saat einmal bestellt wurde. Das Mitgefühl hält die Bewusstwerdung in Gang; durch seine fortgesetzte Mitgefühlspraxis macht der Bodhisattva Fortschritte. In der Buddhaschaft kommt das Mitgefühl dann zur Reife; es gleicht einer reifen Frucht, die andere erfreut, denn ihr pures Mitgefühl veranlasst erleuchtete Wesen, anderen beizustehen und ihnen in jeder Form zu helfen, deren sie gerade bedürfen.

Wie sollte man selbst oder jemand anders – sagen wir eine tibetische Nonne oder ein tibetischer Mönch – in vollem Ernst die Absicht verfolgen können, jedes fühlende Wesen in allen Welten vom Leid zu befreien und zur Glückseligkeit zu führen? Alle fühlenden Wesen befreien? Das ist doch der reine Wahnsinn. Ein menschliches Wesen, ein unscheinbares kleines Wesen, unternimmt es, alle Wesen vom Leid zu befreien! Selbst wenn man sich unter »alle« nur alle Einwohner einer Stadt vorstellt, erscheint einem das verrückt, aber man kann es sich gar nicht wirklich vorstellen.

Doch es gibt Menschen, die dies wirklich wollen. Sie erstreben Erleuchtung, um allen fühlenden Wesen dabei behilflich zu sein, sich vom Leid zu befreien und Glückseligkeit zu erlangen. Und damit nicht genug, sie versetzen sich geistig in jeden Winkel des Weltalls und finden überall fühlende Wesen, und alle diese fühlenden Wesen sind ihre Freunde. Kann man sich vorstellen, ein solcher Mensch zu sein?

Arten des Mitgefühls

Es gibt drei Arten des Mitgefühls. Die erste Art des Mitgefühls ist das Mitgefühl angesichts leidender Wesen, deren Leiden aus Schmerzen, Unbeständigkeit und dem Haften an schlechten Angewohnheiten bestehen. Die zweite Art des Mitgefühls ist das Mitgefühl angesichts vergänglicher Wesen, die durch Hinfälligkeit und Nichtigkeit gekennzeichnet sind. Die dritte Art des Mitgefühls ist das Mitgefühl angesichts »leerer« Wesen, die jeder Eigenexistenz entbehren. Die Leid tragenden Wesen werden mit dem Eimer eines Schöpfbrunnens verglichen, die vergänglichen Wesen mit dem Zerrbild des Mondes auf einer gekräuselten Wasseroberfläche und die Wesen ohne Eigenexistenz mit dem Abbild des Mondes auf spiegelglatter See.

Außerdem gibt es die drei Formen des Mitgefühls aus subjektiver Sicht, also entsprechend dem Verlauf der Bewusstwerdung. Erstens der Standpunkt: »Wie schön wäre es, wenn alle Wesen frei von Leid wären und keiner Leidensursache mehr unterlägen.« Zweitens der Standpunkt: »Mögen alle Wesen frei von Leid sein und keiner Leidensursache mehr unterliegen.« Und drittens der Standpunkt: »Ich will dafür sorgen, dass alle Wesen frei von Leid sind und keiner Leidensursache mehr unterliegen.«

Diese Arten des Mitgefühls entsprechen unserem innersten Wesen, und doch erscheinen sie aufgrund unserer entgegengesetzten Konditionierung unnatürlich, wenn man sie zu üben anfängt. Erst durch die Umgewöhnung in der Meditation werden die Hindernisse langsam überwunden. In den folgenden drei Kapiteln wenden wir uns den Übungsmethoden für diese drei Arten von Mitgefühl zu.

Kapitel 14

Mitgefühl angesichts leidender Wesen

Chandrakirti huldigt drei speziellen Arten des Mitgefühls. Die erste Art wird Mitgefühl angesichts leidender Wesen genannt, weil man sich über die schrecklichen Konsequenzen der Daseinsverhaftung klar werden muss, um den Wesen eine Befreiung von ihren Leiden und den Leidensursachen wünschen zu können.

Die Daseinsverhaftung rührt von Verblendung her und wird durch Begehren und Habgier genährt. Man nimmt sich selbst zu wichtig, misst Geburt, Alter, Krankheit und Tod eine Bedeutung bei, die sie nicht haben, und gerät aufgrund dieser Übertreibungen in viele Probleme. Denn die Selbstüberschätzung führt zu einer Überschätzung des »Besitzens«. Alles wird vereinnahmt, selbst Körper und Geist werden dem Ich subsumiert. Es ist zwar in einem gewissen Sinne richtig, dass Körper, Geist, Hand, Kopf, Haus, Kleidung einem »gehören«; sie stehen einem zur Verfügung, aber gewöhnlich hat man einen übertriebenen Eigentumsbegriff.

Aus der Vorstellung eines konkreten »Ich« und der Vereinnahmung alles Wahrgenommenen als »mein« erwachsen Habgier und Hass, man wird in den Daseinskreislauf hineingezogen und durchleidet alle möglichen Existenzformen, lebt als Tier, hungriger Geist, Höllenwesen, wird auch in höheren

Existenzformen als Mensch, Halbgott und Gott wiedergeboren. Jedes fühlende Wesen auf der Welt leidet auf diese Weise. Auch ich leide auf diese Weise. Die leidvolle Daseinsverhaftung ist zuerst in eigener Hinsicht zu betrachten – wie oft man Kopfschmerzen hat, wie oft man krank ist, und wenn man jetzt kaum von Krankheiten geplagt ist, wie viele einen zukünftig erwarten, wie Lust in Leid umschlägt, welchen schlechten Angewohnheiten man unterliegt.

Meditation: Ein verbeulter Schöpfeimer

Chandrakirti gibt ein anschauliches Beispiel zur Bewusstmachung des Leidens fühlender Wesen:

Gepriesen sei das Mitgefühl mit jenen Wesen,
die wie ein Schöpfeimer ohnmächtig im Samsara wandeln,
weil sie einem Subjekt anhaften, einem »Ich«,
mit dem sie pausenlos den Anspruch erheben:
»Das gehört mir.«

Stellen Sie sich in der Meditation einen Schöpfeimer vor, den jemand wiederholt in einen tiefen Brunnen an einer Winde oder einem Seil hinablässt und wieder heraufzieht, wobei das Hinablassen leicht geht, das Heraufziehen Mühe kostet und unklar ist, womit begonnen wurde: mit dem mühevollen Heraufziehen oder dem bequemen Hinablassen. Der Eimer, der bei der Prozedur immer wieder an die Brunnenwand schlägt, ist ganz verbeult.

Reflektieren Sie: Genauso wie der Eimer am Seil festgebunden ist, sind wir durch frühere Taten an die Qualen der Begierde, des Hasses und der Unwissenheit gebunden.

Genauso wie dieser Eimer sich nur deshalb bewegt, weil jemand am Seil zieht oder die Winde dreht, ist auch unser Wandern durch den Daseinskreislauf nur möglich, weil das Bewusstsein uns bewegt. Genauso wie der Eimer im Brunnen ständig herauf und hinunter bewegt wird, durchlaufen auch wir die Stationen zyklischer Existenz, werden immer wieder als Höllenwesen, hungrige Geister, Tiere, Menschen, Halbgötter und Götter geboren. Genauso wie der Eimer leicht in den Brunnen hinuntergleitet, aber nur mit Mühe heraufzuziehen ist, verhält es sich auch mit unseren Neigungen – mit Begierde, Hass und Unwissenheit –, durch die wir leicht in niedere Existenzformen geraten, aber nur mit großer Anstrengung wieder zu höheren aufsteigen. Genauso wie der Eimer zu Beginn des Schöpfens sich unten, oben oder in der Mitte befunden haben könnte, lässt sich auch schwer bestimmen, ob zuerst die Empfindungen, die Taten oder das Leiden da waren. Genauso wie der Eimer gegen die Brunnenwand schlägt, werden auch wir von körperlichen und seelischen Schmerzen heimgesucht, den Leiden, die einerseits Vergnügungen entspringen und andererseits ständig da sind, weil man schlechten Angewohnheiten nachhängt. Ohnmächtig wechseln die fühlenden Wesen zwischen mehr oder weniger leidvollen Zuständen hin und her.

Wenn Ihnen durch die analytische Meditation das samsarische Leid lebhaft vor Augen steht, rufen Sie sich im Gefühl enger Verbundenheit Ihren Freund in Erinnerung. **Reflektieren Sie: »Wie schön wäre es, wenn dieser Mensch frei von Leid wäre und keiner Leidensursache mehr unterläge!«** Wenn starkes Mitgefühl aufkommt, halten Sie in der stabilisierenden Meditation daran fest. Denken Sie dann an Ihren zweitbesten Freund und wiederholen Sie den Bewusstmachungsprozess in kurzer Form, wenn keine Probleme auftreten, oder nötigenfalls analytisch detaillierter. Gehen Sie auf diese Weise auch neutrale Personen, kleinere Feinde und ganz zuletzt größere Feinde durch. Das schwächt die Vorurteile allmählich ab und gibt dem wahren Selbst eine Chance, sich zu offenbaren.

Üben Sie sich in der Meditation nach demselben Muster auf der zweiten Ebene des Mitgefühls: »Mögen die Wesen frei von Leid sein und keiner Leidensursache mehr unterliegen!« Ist Ihnen das gelungen, wenden Sie sich der dritten Ebene des Mitgefühls zu. **Bedenken Sie nach demselben Muster: »Ich will dafür sorgen, dass alle Wesen frei von Leid sind und keiner Leidensursache mehr unterliegen.«** Damit nehmen Sie es auf sich, jedes einzelne Wesen vom Leid zu befreien. Obwohl das niemand allein tun muss, festigt man doch seinen Willen so weit, dass man es nötigenfalls allein tun kann. Die entschiedene Verinnerlichung dieser Haltung macht einen Stück für Stück geduldiger, ausdauernder und toleranter. Die Schwelle des Zorns tritt immer mehr zurück.

Man wird beim Üben herzerfrischende und erschütternde Erfahrungen sammeln, die einen darin bestärken, dass langfristig gesehen große Veränderungen möglich sind. Setzen Sie die Meditation kontinuierlich fort; es sind hier zwar eine Menge Meditationsschritte beschrieben, aber durchführen lässt sich immer nur ein Schritt – nur eine Betrachtung –, und jede eröffnet eine neue Perspektive.

Indem man sich in der Meditation sein eigenes Leiden klar macht und sich am Beispiel eines verbeulten Schöpfeimers im Brunnen lebhaft vor Augen hält: »Dieser Art von Leiden bin ich unterworfen«, sensibilisiert man sich für das Ausmaß seiner existenziellen Misere. Dadurch weckt man den Wunsch, sich aus dem Daseinskreislauf zu befreien, und wenn man diese Einsicht auf andere Wesen überträgt, denen man sich durch frühere Meditationen eng verbunden fühlt, erwacht das Mitgefühl. Die bloße Wahrnehmung anderer ruft noch kein Mitgefühl hervor. Würde man nicht sehen, wie sie leiden, und sie lieben, warum sollte man sich ihrer erbarmen?

Kapitel 15

Mitgefühl angesichts vergänglicher Wesen

Zu allen Zeiten haben große Dichter und Denker über die Vergänglichkeit der Dinge geschrieben, aber für uns dauert es doch manchmal ein Leben lang, bis wir diesen Aspekt erkennen. Die Jugend vergeht, und sie vergeht rasch. Ältere Menschen sagen oft zu den Jüngeren: »Du wirst auch einmal alt sein«, und diese denken dann: »Kann schon sein, aber es ist noch lange hin.« Die Alten wollen damit nicht nur sagen, dass die Jüngeren in ein paar Jahren ebenfalls alt sein werden. Vielmehr mahnen sie, dass man sich nicht zu viel auf seine Jugend einbilden soll. »Ich war auch einmal jung«, sagen sie, »und es kommt mir so vor, als wäre es noch gar nicht lange her. Und schau mich jetzt an.« Sie meinen damit, dass Jugend und Alter keine tiefe Kluft trennt; man ist jung, und ehe man sich's versieht, sind schon wieder zehn Jahre vorbei. Sie geben zu bedenken, dass man zu fest an die Zukunft glaubt, wenn man sagt: »Ich werde dies und jenes tun.« Denn niemand hat die Zukunft fest in der Hand.

Warum überrascht es uns, wenn jemand stirbt? Wir wissen, dass jeder sterben muss. Wir wissen, dass auch wir sterben müssen. Trotzdem sind wir überrascht. Unser Erstaunen darüber, wie schnell die Zeit vergeht, zeigt, dass an unserer Sicht irgendetwas verkehrt ist. In unserer Wahrnehmung verfestigen sich die Dinge; weshalb wären wir sonst erstaunt, wenn sie sich ändern?

Meditation: Das Zerrbild des Mondes in den Wellen

Außer vom Mitgefühl angesichts der leidenden Wesen spricht Chandrakirti noch von einer anderen Art Mitgefühl: dem Mitgefühl angesichts vergänglicher Wesen. Er sagt:

Gepriesen sei das Mitgefühl mit den wandernden Wesen,
die in ihrer offenbaren Vergänglichkeit dem Mond gleichen,
der sich in den Wellen spiegelt.

Chandrakirti gebraucht hier das Bild des in den Wellen gespiegelten Mondes. **Stellen Sie sich in der Meditation einen See vor. Die Nacht ist wolkenlos. Eine leichte Brise kräuselt das Wasser. Der Vollmond spiegelt sich im See, und Sie beobachten die vielen Lichtbrechungen, die der leichte Wellengang bewirkt, ihren flimmernden Reigen. Dann denken Sie an einen Menschen und sehen ihn als genauso unbeständig und vergänglich an wie das Flimmern des in den Wellen gespiegelten Mondes.**

Normalerweise sieht man den Mond einfach als gegeben an; man kennt ihn und nimmt an, dass er zukünftig da sein wird. In dieser Meditation beobachtet man jedoch das zitternde Abbild des Mondes in den Wellen. Diese Spiegelung ist kein konkretes Ding, sondern nur eine flüchtige Erscheinung. Der leichte Wellengang verhindert, dass die Spiegelung eine konkrete Form annimmt.

Diese zweite Art des Mitgefühls betrifft die fühlenden Wesen in ihrer Flüchtigkeit. Sie werden als vergänglich wahrgenommen. Genauso wie Sie in der vorigen Mitgefühlsbetrachtung sich die fühlenden Wesen nicht nur als solche vergegenwärtigten, sondern sie in ihrem großen Elend sahen, betrachten Sie nun die fühlenden Wesen nicht nur in ihrem großen Leid, sondern auch in ihrer Vergänglichkeit.

Es heißt, dass der Geist den menschlichen Körper sehr wohl in seiner Vergänglichkeit wahrnimmt, doch kommt einem dies normalerweise nicht zu Bewusstsein. Man erkennt es nicht, weil es über den eigenen Verstand hinausgeht. Die meditative Betrachtung der tanzenden Mondspiegelung vermittelt uns also eine gute Vorstellung davon, wie wir andere und uns selbst sehen sollten. Diese Erfahrung von der Flüchtigkeit einer Erscheinung hilft uns, die gewöhnliche Sicht von der Konkretheit der Dinge zu revidieren. Mit der Zeit wird man Wände oder Körper als Erscheinungen erkennen, die aus vielen bewegten Partikeln zusammengesetzt sind. Ihre Flüchtigkeit, ihr flimmerndes Vibrieren wird einem lebhaft bewusst.

Durch dieses Bild bekommt man einen Begriff von der Vergänglichkeit und kann es auf die fühlenden Wesen übertragen. Wenn man einen Menschen auf diese Weise zu sehen beginnt – als flimmernd und vergänglich –, erkennt man, dass man sich selbst und andere fälschlich für konkret hält und dass man seine Beziehungen zu anderen Menschen und zu Dingen auf dieser Annahme aufbaut. Man geht von einem konkreten Körper, einem konkreten Geist und einem konkreten Ich aus und bringt sich damit in große Schwierigkeiten, weil man von etwas Besitz ergreift, was sich nicht besitzen lässt. Man erkennt, dass die eigene Sicht nicht mit der Wirklichkeit übereinstimmt. So entsteht der Wunsch, diese falsche Ansicht aufzugeben, und indem man mit dieser Einsicht andere betrachtet, entsteht Mitgefühl – der Wunsch, dass sie vom Leid befreit sein mögen. Auch sie missverstehen die Erscheinungen und werden durch dieses Missverständnis ins Leid hineingezogen.

Wenn Sie durch die analytische Meditation einen anschaulichen Begriff davon haben, welches Leid eine falsche Vorstellung der Dauer hervorruft, rufen Sie sich im Gefühl enger Verbundenheit Ihren besten Freund bzw. Ihre beste Freundin in Erinnerung. **Reflektieren Sie: »Wie schön wäre es, wenn dieser Mensch frei von Leid wäre und keiner Leidensursache mehr unterläge!«** Wenn großes Mitgefühl aufkommt, halten Sie diesen tief empfundenen Wunsch in der stabilisierenden Meditation fest. Denken Sie dann an Ihren zweitbesten Freund und wiederholen Sie die Bewusstmachung in kurzer Form, wenn keine Probleme auftreten, oder nötigenfalls analytisch detaillierter. Stellen Sie diese Betrachtung auch hinsichtlich neutraler Personen, kleinerer Feinde und ganz zuletzt hinsichtlich größerer Feinde an.

Üben Sie sich in der Meditation nach demselben Muster auf der zweiten Ebene des Mitgefühls, aber dieses Mal aufgrund der Einsicht in die Vergänglichkeit der Wesen und ihrer Neigung, gerade das Gegenteil davon zu glauben: »Mögen die Wesen frei von Leid sein und keiner Leidensursache mehr unterliegen!« Ist Ihnen das gelungen, wenden Sie sich der dritten Ebene des Mitgefühls zu. **Bedenken Sie nach demselben Muster: »Ich will dafür sorgen, dass alle Wesen frei von Leid sind und keiner Leidensursache mehr unterliegen.«** Diese Meditation wird eine große Wirkung haben.

Unbewusst vorausgesetzte Dauer

Wir wissen, dass Dinge zerfallen; wir wissen, dass sie vergänglich sind. Die Frage: »Bist du unsterblich? Willst du immer leben?« würde niemand mit Ja beantworten, und doch leben wir unser Leben so, als gingen wir von einem unbefristeten Leben aus.

Zwischen unserer Antwort auf die Frage und unserer Einstellung, in der wir unser Leben führen und es wie einen Besitz verplanen, besteht ein Widerspruch. Einer der Gründe, weshalb wir die Dinge für dauerhaft halten, ist, dass sie oft einen gewissen formalen Bestand haben. Dieser Tisch sah gestern genauso aus wie heute. Er hat sich in keinen blauen oder größeren Tisch verwandelt, und er ist auch nicht über Nacht zerfallen oder hat in irgendeiner erkennbaren Weise seine Form geändert.

Die Beständigkeit der Form verleitet uns zu der Annahme, dass es sich um denselben Gegenstand handelt, dass wir genau denselben Menschen begegnen. Wir denken: »Da ist Herr Soundso, dem ich neulich schon mal begegnet bin«, oder: »Gestern kam Hans, den ich seit letztem Jahr kenne.« Wegen der Beständigkeit der Form scheinen die Menschen und Dinge dauerhaft zu sein, und dies führt zu der irrigen Annahme, dass der Tisch, den ich heute benutze, genau derselbe ist, den ich gestern benutzt habe.

Wir können zwar die ständige Veränderung der Dinge visuell wahrnehmen, aber wir nehmen sie nicht zur Kenntnis, weil unsere Neigung, Dinge konkret zu sehen, so groß ist, dass sie uns an der bewussten Wahrnehmung dieser Veränderung hindert.

Wir fühlen uns oft in unserer falschen Annahme der Beständigkeit bestätigt. Wenn man seine frühere Schule besucht, findet man, dass sie ziemlich dieselbe geblieben ist. Man fühlt sich ein wenig verloren, aber sie ist nach wie vor bevölkert, vielleicht trifft man sogar ein paar alte Lehrer. Die Schüler sehen ein wenig anders aus, aber auch sie wirken irgendwie gleich. Man schließt aus der Kontinuität auf etwas Festes, Gleichbleibendes. Aber bedeutet Kontinuität Unwandelbarkeit? Im Gegenteil, Kontinuität besagt, dass etwas wandelbar ist und sich durch Ähnliches fortsetzt. Als ich nach vielen Jahren meine Grundschule wieder besuchte, musste ich feststellen, dass das Gebäude abgerissen und durch keinen Neubau ersetzt worden war; nun wuchs dort einfach Gras. Oft verdrängen wir die Wahrheit. Man sagt: »Ich werde in meinen Kindern weiterleben«, aber wie soll das gehen?

Wenn man den Himmel beobachtet, sieht man, wie rasch sich die Wolkenformationen ändern, und dasselbe trifft auf das Wasser zu, auf einen Bach oder Fluss – er ändert sich ständig. Wenn man in die anscheinend unbewegte Mitte einer Kerzenflamme schaut, erkennt man, dass sie sich ständig verändert. Alles befindet sich im Wandel.

Einer meiner Lamas erinnerte uns immer wieder an diese Wahrheit. Rein theoretisch wissen wir durch die Physik, dass all die winzigen Materieteilchen ständig im Wandel begriffen sind, aber praktisch können wir diese Veränderung nicht sehen, und so vergessen wir im Alltag, was auf der subatomaren Ebene geschieht. Wir glauben, dass unser emotionales Leben auf einer anderen Grundlage aufbaut. Aber der Buddhismus lehrt, dass man auch im emotionalen Bereich genau hinsehen und diesen ständigen Wandel präzise analysieren soll.

Man blinzelt, und schon hat sich alles verändert. Ja, sogar in jedem tausendsten Teil eines Augenblicks oder eines Fingerschnippens hat sich alles gewandelt. Ein Buddha begreift diese Wandlung noch subtiler, aber unser Begreifen ist auf gröbere Beispiele angewiesen, an denen wir uns klar machen können, dass alle flüchtigen Erscheinungen in ständiger Auflösung begriffen sind.

Natürlicher Zerfall

Gewöhnlich nimmt man an, dass sich die Dinge ändern, weil etwas Äußeres auf sie einwirkt. Zum Beispiel weiß man, dass Eisen unter freiem Himmel rostet, aber man glaubt, in einem Vakuum bliebe es ewig erhalten, weil nichts Äußeres auf es einwirkt. Aber das ist nicht so; die Eisenpartikel ändern sich selbst im Vakuum. Ähnlich machen wir oft für unsere Alterserkrankungen äußere Einflüsse verantwortlich, und tatsächlich sind bestimmte körperliche Veränderungen durch sie bedingt, aber selbst ohne sie sind wir ständig im Zerfall begriffen.

Wir halten an dem Glauben fest, dass die Dinge nur durch äußere Ursachen verändert werden und dass sie ansonsten gleich bleiben, doch ist für ihre Auflösung keine äußere Einwirkung nötig, da auch sie dem ständigen Zerfall unterliegen. Da sie entstanden sind, müssen sie auch vergehen, denn die Ursachen des Werdens *sind* die Ursachen des Vergehens. Das ist eine der großen Einsichten fast aller buddhistischer Schulen. In den höheren Lehren spricht man sogar vom »bedingungslosen Zerfall«, ein wahrhaft tiefer und aufrüttelnder Gedanke. Im grobstofflichen Bereich gibt es natürlich äußere Faktoren, die den Zerfallsprozess beschleunigen, etwa wenn Wasser auf Eisen einwirkt oder ein Gebäude gesprengt wird. Aber man darf nicht vergessen, dass das Eisen auch aus sich selbst heraus zerfällt; es unterliegt einem ständigen natürlichen Zerfall.

Es heißt, dies sei schwer zu begreifen und kaum praktisch nachzuvollziehen, weil man dazu seine Vorurteile über Beständigkeit und Vergänglichkeit aufgeben muss. Die existenzielle Erkenntnis des Wandels kann sehr erschütternd sein; Geduld, Toleranz und Ausdauer sind nötig, damit sie uns nicht aus der Fassung bringt.

Kehren wir zu Chandrakirtis Blick zurück: Es ist Nacht, der Vollmond scheint, und eine leichte Brise kräuselt den See, sodass der Mond sich zwar hell in den Wellen spiegelt, aber flimmert und tanzt. Das ist das Sinnbild der Vergänglichkeit – das vielfach gebrochene und zerteilte Abbild des Mondes. Es lässt einen die Vergänglichkeit der Dinge leichter begreifen, insbesondere die des eigenen Körpers.

Stellen Sie sich die flimmernden, tanzenden Lichter der Mondspiegelung auf den Wellen vor, und vergegenwärtigen Sie sich angesichts dieses flimmernden Tanzes die Realität der Vergänglichkeit. Richten Sie dann Ihre Aufmerksamkeit auf Ihren eigenen Körper und sehen Sie ihn genauso. Gewöhnlich hält man seinen Körper für etwas Festes, Beständiges und macht ihn zum Mittelpunkt vieler Pläne und Wünsche. Beginnt man nun, seinen Körper als flimmernd und sich ständig verändernd zu sehen, muss man die Vorstellung eines festen Körpers und unwandelbaren Ichs aufgeben und auch alle damit verbundenen Wünsche und Pläne. Man muss umdenken.

Wenn man mit einem unbeständigen Ich zu rechnen beginnt, werden Änderungen als etwas Natürliches einbezogen. Stellen Sie sich das im Alltag vor. Man wird dann von vornherein flexibler, realistischer, offener für Aktuelles sein, als wenn man sich Beständigkeit vorgaukelt.

Ist man sich seines hinfälligen Körpers solcherart bewusst, begreift man auch, dass man jeden Augenblick sterben kann. Und wenn man sieht, dass andere in derselben prekären Lage sind, oft, ohne sich dessen bewusst zu sein, nimmt das Mitgefühl zu. Die Zeit des Daseins wird zu etwas Kostbarem, und man wünscht sich, dass die anderen ihr Leben auch sinnvoll nützen.

Eine neue Sicht wagen

Es stellt sich die Frage: Sollte man die fühlenden Wesen wirklich so betrachten? Gut, es war ein Gedankenexperiment, aber ist dies die richtige Einstellung? Nützt sie, oder schadet sie, oder ist es reine Torheit? Um das herauszufinden, sollte man noch etwas weiter mit ihr experimentieren. Bei meiner mündlichen Doktorprüfung war einer der Professoren von meinen Ausführungen sichtlich beeindruckt, aber er reagierte aggressiv. Es ging um die Frage, ob die Dinge aus sich heraus existieren oder nicht, und dazu formulierte ich folgenden Gedankengang: Angenommen, es gibt den Geist und den Körper und das Ich. Das Ich scheint aus sich heraus zu bestehen, ebenso wie der Geist und der Körper; darüber sind wir uns normalerweise einig. Wenn dies aber so ist, wenn diese drei eine getrennte, in sich abgeschlossene Existenz haben, stellt sich die Frage, auf welche Weise sie überhaupt in Beziehung zueinander treten können.

Als ich das dargelegt hatte, ging der Professor an die Decke: »Was soll dieser Unsinn? Wollen Sie mich aufs Glatteis führen?« Und tatsächlich, wenn Buddhisten einen aufs Glatteis führen möchten, dann auf diese Weise.

Ich antwortete: »Spielen Sie Tischtennis? Gehen Sie gerne ins Kino? In Ihrer Freizeit unterhalten Sie sich doch sicher mit diesem oder jenem. Versuchen Sie es; spielen Sie einfach einmal mit diesem Gedankengang.«

Er sagte: »Wie bitte? Das wäre doch verrückt.«

Ich erwiderte: »Wenn Sie ins Kino gehen, versetzen Sie sich auch in die Lage anderer Charaktere. Schadet das?« Aber er wollte nichts mehr davon hören; er war überhaupt nicht aufgeschlossen. Trotzdem, schien mir, war er beeindruckt; es gab etwas an dem Gedanken, das ihn faszinierte.

Es ist gut, wenn man sich manchmal in andere hineinversetzt. Angenommen, es ist relativ warm und eine leichte Brise kommt durch das geöffnete Fenster. Manche Menschen werden diesen Luftzug als kühl empfinden und vielleicht sagen: »Es zieht fürchterlich.« Schlafen zwei Menschen in einem Raum, kann es vorkommen, dass einer zwei Decken braucht, während der andere mit dem Bettlaken auskommt und fragt: »Was ist los mit dir? Stimmt etwas nicht?«

»Wie meinst du das?«

»Niemand auf der Welt kann bei so einer Temperatur frieren. Es ist *Sommer.*«

Die körperliche Verfassung, der schwankende Stoffwechsel usw. lassen die Menschen Hitze und Kälte anders empfinden.

In diesem Fall wäre es gut, auch einmal von der Situation des anderen auszugehen. Auch wenn man selbst anderer Meinung bleibt, würde die Einfühlung verhindern, dass man den anderen für verrückt erklärt, bloß weil er gerade friert. Und hinsichtlich der Vergänglichkeit und des Mitgefühls sollte man ebenso einmal seine eigene Meinung beiseite lassen und sich die Auffassung eines anderen zu Eigen machen, bis man dessen Standpunkt verstanden hat. Und *dann* mag man ihn hinterfragen.

Die Buddhisten sagen: »Okay, gehen wir einmal davon aus, dass fühlende Wesen vergänglich, flüchtig und wandelbar sind.« Darin besteht offensichtlich die Hauptschwierigkeit. Denn wie soll man zu solchen Wesen in Beziehung treten? Sie verschwinden genauso schnell, wie sie erscheinen. Sie verändern sich zu schnell. Vielleicht ist es ganz gut, sie als etwas Festes anzusehen – obwohl sie überhaupt nichts Festes sind –, um einfacher mit ihnen umgehen zu können.

Ich glaube, das ist der Hauptgrund, weshalb Menschen sich und andere Erscheinungen für unveränderlich halten. Es *scheint* den praktischen Umgang miteinander einfacher zu machen, aber in Wirklichkeit wird der Umgang einfacher, wenn man sich als vergänglich ansieht, weil die Vergänglichkeit ein Zeichen der Wandelbarkeit ist, und wenn man diese sieht, werden einen Veränderungen nicht erstaunen; man wird sich nicht mehr gegenseitig in bestimmte Verhaltensmuster sperren und durch sterile Erwartungshaltungen im Verhalten manipulieren. Man wird die Möglichkeit der Veränderung sehen, und die anderen empfänden einen als angenehm offen, weil man keine festen Ansichten von ihnen hat, die der Realität widersprechen.

Das Nachdenken über die Vergänglichkeit zeigt, wie sehr Selbstbild und Realität auseinanderklaffen. Man erkennt, wie viel Leid daraus resultiert, weil man stur etwas besitzen zu können glaubt, das sich nicht besitzen lässt. Je mehr man sich seine eigene Vergänglichkeit klar macht, desto umfassender wird das Mitgefühl.

Kapitel 16

Mitgefühl angesichts leerer Wesen

Meditation: Das Abbild des Mondes auf spiegelglatter See

Die dritte Art des Mitgefühls wird Mitgefühl angesichts »leerer« Wesen genannt – Mitgefühl angesichts dessen, dass fühlende Wesen nicht aus sich und für sich existieren. Chandrakirti sagt:

Gepriesen sei das Mitgefühl mit den wandernden Wesen,
die ebenso wenig aus sich selbst heraus existieren
wie das Abbild des Mondes im spiegelglatten Wasser.

Stellen Sie sich in der Meditation einen in klarer Nacht still daliegenden See vor, auf dessen glatter Oberfläche sich der Vollmond spiegelt. Als Betrachter wissen Sie jedoch nichts von dem See. Sie halten die Mondspiegelung für den tatsächlichen Mond.

Ist Ihnen das schon einmal passiert, dass Sie die Mondspiegelung tatsächlich für den echten Mond hielten, weil Ihnen nicht bewusst war, dass Sie auf einen See sahen? Mir schon. Ich wusste nicht, dass ich auf einen See sah, und verwechselte das vordere Ufer mit dem Horizont. Aber vielleicht haben Sie schon einmal erlebt, dass Sie Ihr Spiegelbild für jemand anderen hielten, als Sie im Kaufhaus an einem Spiegel vorbeigingen? Oder konnten Sie schon einmal in einem verspiegelten Restaurant für eine Weile nicht die Wände ausmachen? In einem Airport-Shop in Australien sah mich einmal jemand an, von dem ich dachte: »Wer ist denn dieser seltsame Typ dort drüben?« Es war mein Spiegelbild.

Sie sehen kein Wasser; Sie sehen den Mond am Himmel – so scheint es jedenfalls. Es gibt Bilder, die auf den Kopf gestellt genauso aussehen wie anders herum. Man hält zum Beispiel eine Berglandschaft in der Hand, die sich in einem See spiegelt, und umgedreht ist es wieder eine Berglandschaft, die sich im See spiegelt. Und man weiß nicht, was die echten Berge sind und was ihre Spiegelung. Wenn man in Chandrakirtis Beispiel den Mond genau ansieht, ohne dabei zu denken: »Das ist nur eine Spiegelung im Wasser«, glaubt man, einen wirklichen Mond wahrzunehmen. Ähnlich verhält es sich, wenn man in den Spiegel schaut, ohne dabei zu denken: »Das ist ein Spiegel.« Dann scheint man bei genauem Hinsehen ein wirkliches Gesicht vor sich zu erkennen. Trotzdem ist der sich im Wasser spiegelnde Mond nicht der Mond und das im Spiegel erscheinende Gesicht kein echtes Gesicht.

Chandrakirti möchte, dass wir anhand derartiger Erfahrungen Beispiele sammeln. Er macht es uns nicht leicht, besticht nicht einfach durch ein glänzendes Beispiel und geht zum nächsten Thema über. Vielmehr regt er zum systematischen Nachdenken in der Meditation an. Sein Beispiel des sich im Wasser spiegelnden Mondes zeigt, wie man sich in Objekten täuschen kann – und gibt einen klaren Begriff davon, wie leicht sich Schein und Sein verwechseln lassen. Die Auseinandersetzung mit einer optischen Täuschung hilft das zu verstehen. Schauen Sie einmal lang genug in einen Spiegel und sehen Sie, was passiert.

Der sich im Wasser spiegelnde Mond scheint der Mond zu sein, ist es aber nicht. Fühlende Wesen scheinen aus sich heraus zu existieren, tun dies aber nicht. Wenn man sich mit der Mondspiegelung gründlich befasst und immer wieder feststellt, dass sie trotz aller verblüffenden Ähnlichkeit nicht der Mond ist, dann gelingt es einem auch, analog festzustellen, dass ein Mensch zwar aus sich selbst heraus zu existieren scheint, dass dies aber faktisch nicht so ist.

Die von einem Zauberer hervorgerufene Illusion ist ebenfalls ein gutes Beispiel für eine Sinnestäuschung. In Indien gibt es Zauberer, die einen Jungen ein in der Luft schwebendes Seil hinaufklettern lassen. Einer dieser Zauberer wurde in die Vereinigten Staaten eingeladen, wo man seinen Trick unter Laborbedingungen filmte. Das Seil entrollte sich wie von Zauberhand, und als es schließlich in der Luft schwebte, ohne irgendwo befestigt zu sein, kletterte der Junge hinauf. Alle anwesenden Wissenschaftler sahen den Jungen das Seil hinaufklettern, aber die Kamera hielt etwas anderes fest: Der Junge stand neben einem Mann, vor dem ein aufgerolltes Seil lag. Der Zauberer vermochte den Zuschauern den optischen Eindruck zu vermitteln, dass der Junge das Seil hochkletterte, obwohl er es nicht tat.

Die Buddhisten sagen, ein Zauberer könne kraft eines Mantras die Blicke der Anwesenden verzaubern. Jeder sieht den Jungen das Seil hinaufklettern. Auch der Zauberer sieht den Jungen das Seil hinaufklettern, aber bleibt von der Erscheinung unbeeindruckt. Er weiß, dass der Junge neben ihm steht und dass das Seil zusammengerollt am Boden liegt. Er erlebt die Illusion genauso wie die anderen; aber die anderen halten sie für wirklich und er nicht.

In einem anderen Beispiel lässt der Zauberer eine Festtafel erscheinen. Und als Zuschauer würde man denken: »Der Schokoladenkuchen dort drüben sieht fantastisch aus. Davon hätte ich gerne ein Stück. Ob ich mich vordrängen soll?« Oder der Zauberer lässt eine attraktive Frau (oder einen attraktiven Mann) erscheinen, und man denkt: »Das ist die Frau (der Mann) meiner Träume. Wie kann ich sie (ihn) nur kennen lernen?« Es kommen unterschiedliche Gefühle in einem auf – Verlangen und vielleicht auch Hass: »Der dort drüben braucht gar keine Stielaugen zu machen.« Der Zauberer sieht die wunderschöne junge Frau oder den gut aussehenden Jüngling ebenfalls, aber er reagiert nicht gefühlsmäßig auf sie, weil er weiß, dass es sich um eine Illusion handelt.

Die Zuschauer jedoch reagieren gefühlsmäßig. Schließlich gesellen sich einige Leute hinzu, die den Zauberbann nicht miterlebt haben; sie unterliegen keiner Illusion; sie werden nicht von Gedanken über attraktive Partner bewegt. Anders als der Zauberer sehen sie nicht einmal die Erscheinung – sie sehen schlicht die Tatsachen. Daher werden die Zuschauer mit gewöhnlichen Menschen verglichen, die von den Erscheinungen überwältigt sind; der Zauberer gleicht jemandem, der nicht mehr an die Erscheinungen glaubt, der weiß, dass sie trotz gegenteiligen Anscheins nicht wirklich existieren; und die verspäteten Zuschauer, die unter keinem Zauberbann stehen, werden mit den Buddhas verglichen, die alle Unwissenheit überwunden haben. Entsprechend erleichtert das Nachdenken über solche Beispiele die Erkenntnis, dass allem Anschein zum Trotz Personen, Körper und andere Erscheinungen gar nicht konkret sind, dass ihnen jede unveränderliche Wirklichkeit abgeht. Das bedeutet »leere Wesen«.

Ist wirklich alles so konkret?

Fühlende Wesen scheinen, genauso wie Sinnestäuschungen, aus sich heraus zu existieren, durch ihre Persönlichkeit, ihr eigenes Wesen, als nähmen sie einen gewissen Raum ein. Offensichtlich lässt sich das nicht bestreiten. Jeder scheint einen gewissen Raum einzunehmen. Auch ich tue das, obwohl ich aus meiner Sicht einen anderen Platz einnehme als aus der Sicht eines anderen.

So mag manch einer auf meinen Körper sehen, ich sehe eher auf meinen Geist oder mein Gefühl oder meine Atmung. Käme also jemand herein und fragte: »Wer sind Sie?«, und ich antwortete: »*Ich* bin das«, dann bezöge sich das vielleicht auf mein fühlendes Herz, während der andere vielleicht meinen ganzen Körper darunter verstünde.

Das Gesicht im Spiegel scheint ein Gesicht zu sein, ist aber keines. Genauso wenig existiert ein Mensch an und für sich, auch wenn er offensichtlich konkret vor einem steht. Die Leere bedeutet allerdings nicht, dass es keine Menschen gibt und man deshalb nicht mitfühlend zu sein braucht. Das ist nicht gemeint. *Ganz und gar nicht!* Das wäre Unsinn. Die Leere bedeutet, dass die Menschen nicht in der konkreten Weise existieren, wie man sich das normalerweise vorstellt. Ich. Du. Wir existieren nicht so kompakt. Zum Beispiel scheint ein Tisch einen seiner Gestalt entsprechenden Platz einzunehmen – Tischplatte, Tischbeine etc. –, aber ein solcher konkreter Tisch existiert nicht. Natürlich heißt das nicht, dass überhaupt kein Tisch da ist.

Es wird hier nicht jede Form der Existenz verneint, sondern nur auf die Unhaltbarkeit einer ganz bestimmten, allzu konkreten Existenzauffassung hingewiesen. Das Bewusstsein der Vergänglichkeit erleichtert die Einsicht, dass Personen und andere Erscheinungen nicht aus sich selbst heraus existieren, aber das Bewusstsein der Leere macht diese Einsicht noch subtiler.

Der Dalai Lama rät dazu, sich bei dieser Art von Meditation an eine Person oder irgendeine Erscheinung zu halten, die man sehr schätzt, weil das verhindert, dass man Leere mit Wertlosigkeit verwechselt – man wird seine Wertschätzung aufrechterhalten, allerdings in anderer Weise. Mein persönlicher Unterricht bei ihm im Büro in Dharamsala ist mir besonders lebhaft in Erinnerung. Eines Spätnachmittags zum Beispiel saß ich ihm an seinem Schreibtisch gegenüber, durch die Fenster hinter ihm schien die Sonne, die ziemlich tief am Horizont über dem Kangratal stand. Das Thema waren die Stadien des Sterbens – eine profunde Darlegung des Tiefenbewusstseins, das sich nicht nur im Tod offenbart, sondern in jeder Bewusstseinserfahrung mitschwingt. Zu mir sprach dieser Mensch und Lehrer, dessen tibetischer Redestrom unglaublich kraftvoll war, lebhaft und klar zugleich, und der bei der Behandlung eines Themas ein ganzes Spektrum an Lehren verdeutlicht. Dazu ein Sonnenuntergang in glühenden Farben, der Himmel in jenem leuchtenden Orange, das dem zweiten Stadium der vier subtilen Geisteszustände entspricht, die man im Augenblick des Todes, aber auch im Prozess des Einschlafens, des Ohnmächtigwerdens etc. durchlebt. Ich fühlte mich »zu Hause« wie nie zuvor. Als ich dann sein Büro verließ, staunte ich über den schneebedeckten Gipfel, der sich über Dharamsala erhob. Ich machte mich auf den Weg zu meinem weiter unten am Berg gelegenen Zimmer und kam durch eine Gegend, in der man einen gegenüberliegenden Gipfel sah. Zwischen den beiden Bergen leuchtete ein Regenbogen – ein vollkommener Kreis. Ich war hingerissen! Einige Tage darauf verabschiedete ich mich nach meiner letzten Unterrichtsstunde vom Dalai Lama, um wieder in die Vereinigten Staaten zurückzukehren. Als ich fast schon an der Tür war, sagte er: »Es ist wie ein Traum.« Ich sagte: »Wie bitte?« »Es ist wie ein Traum.« Die Realität dieser Aussage in ihrer ganzen Tiefe und Vielfalt war überwältigend. Er hatte mich dazu gebracht, mir der Leere meiner fruchtbarsten und wertvollsten Lebensphase innezuwerden und dabei zu erkennen: Die Leere radiert nicht alle Erscheinungen aus; sie lässt deren Kraft und Wert bestehen.

Erkunden Sie die Mondspiegelung zunächst in allen Einzelheiten – das ist sehr wichtig – und machen Sie sich dabei bewusst, dass dies kein Mond ist, dass die gesamte Erscheinung kein Mond ist, dass rein gar nicht daran der Mond ist. Im Bewusstsein dieser Erfahrung vom falschen Anschein des Mondes wenden Sie sich dann fühlenden Wesen oder anderen Erscheinungen zu. Seien Sie sich wie ein Zauberer bewusst, dass der Betrachtungsgegenstand, wie konkret er auch sein mag, im Grunde nicht aus sich selbst heraus existiert. Halten Sie sich vor Augen, dass Phänomene aus lauter verschiedenen Teilen und all deren Ursachen und Wirkungen bestehen und aufgrund dieser Bedingtheit unmöglich aus sich selbst heraus existieren

können, wie sie das zu tun scheinen. Schließlich wird der falsche Eindruck des Aus-sich-selbst-Bestehens verschwinden, während die Erscheinungen als solche vor dem inneren Auge bestehen bleiben.

Wie vermag diese Einsicht in die Natur der Erscheinungen das Mitgefühl zu fördern? Wenn man erkennt, dass fühlende Wesen sich für etwas halten, das sie gar nicht sind, und sich für ein Selbst in Leiden stürzen, das es gar nicht gibt – was nicht heißen soll, dass es *überhaupt* kein Selbst gibt, sondern nur eben *dieses* nicht –, und wenn man sieht, dass diesem Selbst jeweils ganz bestimmte Vorlieben und Abneigungen zugeordnet werden und dass die Menschen sich deshalb in große Schwierigkeiten bringen, empfindet man natürlicherweise Mitleid mit ihnen, solange man sich ihnen verbunden fühlt, sie liebt – sich also bewusst macht: »Genauso wie ich mich nach Glück sehne und frei sein will von Leid, sehnen sich auch diese Menschen nach Glück und wollen frei sein von Leid; wie schade, dass sie durch ihr Tun genau das Gegenteil von dem bewirken, was sie wollen!« Oder würde Sie die Tatsache, dass sie Glückseligkeit erreichen und sich von Leiden befreien wollen, sich aber in Leidensformen verstricken, die sie immer weiter von ihrem Glück entfernen, nicht rühren?

Das Beispiel des im stillen Wasser gespiegelten Mondes lässt zumindest ahnen, dass die Dinge nicht so sind, wie das der Fall zu sein scheint. Wenn man von der Betrachtung des Beispiels zur Betrachtung der scheinbar aus sich selbst heraus existierenden Dinge übergeht, erhellt das noch wache Bewusstsein des Beispiels die Diskrepanz zwischen Schein und Sein auch in der Wirklichkeit. Und durch diese Einsicht – da man nun den Grundirrtum sieht, durch den man auch sich selbst so viel Leid zufügt – nimmt die Sorge um das Wohlergehen der in tiefer Täuschung befangenen Mitmenschen zu.

Kapitel 17

Mitgefühl und Weisheit

Die Welt ist voller Leid – man braucht nur an die vielen Bilder verhungernder Menschen zu denken; doch scheut man oft vor solchen Gedanken zurück, weil man das Gefühl hat, sowieso nichts ändern zu können. Würde man sich (trotz seiner Hilflosigkeit) weiter damit befassen, lähmte einen die übergroße Anteilnahme. Wenn der Dalai Lama bei seinen Vorträgen auf das Mitgefühl zu sprechen kommt, beginnt er: »Alle fühlenden Wesen«, und hält plötzlich inne. Man spürt förmlich, wie er dabei an viele unterschiedliche Arten von Wesen denkt. Manchmal kommen ihm die Tränen, und seine Stimme klingt ein wenig heiser, wenn er weiterspricht, so als wolle er sagen: »Fürchtet keine großen Gefühle; unterdrückt sie nicht.«

Es lebte einmal ein Bodhisattva, der »der ständig Weinende« hieß, weil er sich das Elend der fühlenden Wesen so zu Herzen nahm. Sein Beispiel zeigt uns, dass einem das Leid anderer Wesen wirklich sehr nahe gehen kann. Auf dem Weg zur Erleuchtung kann einem die Sorge, wie man anderen Wesen am besten helfen kann, über den Kopf wachsen. Doch muss man zwischen echter Sorge und blinder Besorgnis unterscheiden. Beides wird oftmals verwechselt; und so herrscht die Meinung vor, übergroßes Mitgefühl mache einen zum Trottel für andere. Man verweigert sich dem Mitgefühl, weil man es mit etwas anderem, dem Helferwahn, verwechselt. Wer jedoch erkennt, *warum* die Menschen leiden, weiß damit, wie sich zumindest ein Teil ihres Leids verhindern lässt, und ist von dem unnötigen Leid entsprechend betroffen. Mit diesem Wissen im Hintergrund kann man es sich erlauben, am Elend eines anderen Anteil zu nehmen.

So führt die Erkenntnis der Leere vorgeblicher Eigenexistenz zu Mitgefühl. Wenn man die Ursachen des Wiedergeburtzwanges zu begreifen beginnt, die Ursachen des Leidens, erkennt man, dass diese Ursachen beseitigt werden können, denn dieses Leiden findet aufgrund eines Irrtums statt. Es ist schwer, zu der Gewissheit zu finden, dass *alles* Leid auf diesem Irrtum beruht, aber man kann zumindest zu einer Teilgewissheit finden.

Es ist wirklich erschütternd, wenn man sieht, wie tief verwurzelt das Missverständnis der Eigenexistenz ist und welche weit reichenden Konsequenzen es hat. Dass aus diesem einen kleinen Irrtum solche riesigen Probleme resultieren! Doch weil es einen Ausweg gibt, kann man sein tief empfundenes Mitgefühl zulassen.

Man erkennt, dass die Leere und das Mitgefühl vereinbar sind. Es ist keineswegs so, dass die Buddhisten mitfühlend werden und dann, nachdem sie einmal die »Leere« begriffen haben, keinen Finger mehr rühren. Die Erkenntnis der Leere ist ein Mittel zur Erweiterung des Mitgefühls, und sie hilft uns auch, einen klaren Geist zu gewinnen, der uns befähigt, anderen wirklich weiterzuhelfen, weil wir uns nicht mehr von ihrer äußeren Erscheinung in die Irre führen lassen. Die Weisheit, die die Erkenntnis der Leere mit sich bringt, vergrößert das Mitgefühl. Man sieht, wie das eigene Leid (oder zumindest ein Großteil davon) aus dem Missverständnis resultiert, dass Personen und andere Erscheinungen aus sich selbst heraus existieren, und genauso sieht man das Leid aller anderen Wesen daraus resultieren, und da man sie liebt, möchte man sie – aus ganzem Herzen – von ihrem Leid befreien. So gründen Liebe und Mitgefühl in der Erkenntnis der Wirklichkeit, ganz anders als die gewöhnliche begrenzte Liebe, die oft auf der einseitigen Sicht der angenehmen Seiten eines Menschen beruht und daher leicht verfliegt oder überraschend schnell in Desinteresse oder sogar Zorn umschlägt.

Man braucht eine Langzeitperspektive, um entschieden helfen zu können, um – selbst wenn es Äonen und viele, viele Wiedergeburten dauern würde – alles zu tun, um auch nur einem einzigen Wesen zu helfen. Dennoch bedeutet Anteilnahme nicht notwendig äußeres Tun. Im Bewusstsein des Mitgefühls kann es manchmal klüger sein, dass man sich nicht mehr direkt mit jemandem auseinander setzt, sondern sich gütlich trennt und entweder selbst in aller Ruhe geht oder den anderen bittet zu gehen. »Momentan scheint alles, was ich tue, die Situation nur noch zu verschlimmern.« Das heißt nicht, dass Sie diesen Menschen von Ihrer Liebe ausschließen.

Es gibt kaum einen größeren Fehler, als jemanden aus dem Kreis fühlender Wesen auszuschließen und ihn nicht mehr als seinesgleichen zu betrachten. Kensur Lekden sagte: »Du bist das Kind aller fühlender Wesen. Alle fühlenden Wesen sind äußerst gütig zu dir gewesen, haben sich deiner angenommen. Hätten meine Eltern aus diesem Leben sich nicht um mich gekümmert, könnte ich jetzt nicht sprechen, studieren und irgendwelche Fortschritte machen. Alle fühlenden Wesen haben sich in einem meiner vergangenen Leben einmal um mich gekümmert. Deshalb betrachte ich mich als ihr Kind. Alle fühlenden Wesen gleichen den eigenen Eltern im Alter. Wer nähme sich ihrer an, wenn nicht ihre eigenen Kinder?« So sollte man allen fühlenden Wesen die Liebe eines Kindes entgegenbringen. Wir sind füreinander verantwortlich und sollten nicht nur aus purem Egoismus heraus handeln.

Wenn Weisheit und Mitgefühl zusammenwirken, entspringen die Gefühle des Mitleids und Erbarmens echten Einblicken in die Natur der Wesen und Dinge, und der analytische Geist bleibt sowohl sich selbst als auch anderen gegenüber barmherzig. Zunächst muss beides in Einklang gebracht werden, aber schließlich lässt sich eins nicht mehr vom anderen trennen. Dann macht die Sorge für das Wohl anderer Freude.

Literaturempfehlungen

Der XIV. Dalai Lama: *Logik der Liebe,* herausgegeben von Jeffrey Hopkins, Dianus-Trikont, München 1986 (in der Taschenbuchausgabe bei Goldmann, München 1991)

–: *The Meaning of Life,* herausgegeben von Jeffrey Hopkins, Wisdom Publications, Boston 2000

Hopkins, Jeffrey: *Buddhist Advice for Living and Liberation: Nagarjuna's Precious Garland* (= Ratnavali), Snow Lion Publications, Ithaca, N.Y, 1998

– und Lhündub Söpa: *Der tibetische Buddhismus,* Diederichs, München 1995

Lekden, Kensur: *Meditations of a Tibetan Tantric Abbot,* übersetzt und herausgegeben von Jeffrey Hopkins, Snow Lion Publications, Ithaca, N.Y, 2001

Shantideva: *Eintritt in das Leben zur Erleuchtung,* aus dem Sanskrit von Ernst Steinkellner, Diederichs, Köln 1982